「1対21」のサッカー原論

「個人力」を引き出す発想と技術

風間八宏
Kazama Yahiro

序章　技術はけっして裏切らない

1対21。

この数字に「何だろう？」と興味を持って本書を手に取ってくださった方も多いかもしれません。

これは、1人のサッカー選手が強く戦うために大切な心の持ち方を、象徴的に数字で表現したものです。

サッカーはもちろん、11対11で戦う競技です。しかし仲間の10人とともに自分はどう動くべきか、そして敵の11人に対していかに攻撃をしかけるか。それを真剣に追求するとき、やはり私はその中の「1」にあたる選手1人ひとりに、揺るぎなき「個人力」がなければ、何もなし得ることはできないのではないかと考えています。

1970年代から80年代半ばにかけ、「強い個人」を中心に組み立てられたチームが世界のサッカーを席巻しました。ヨハン・クライフ（元オランダ代表）やフランツ・ベッケンバウアー（元旧西ドイツ代表）、ジーコ（元ブラジル代表）にミシェル・プラティニ（元フランス代表）といった、戦える「個」が勝負を決する時代でした。

ところがその後、今度は緻密に計算され尽くした、穴の少ないチームが勝利を手にしはじめます。「チーム戦略」に基づいて選手を各ポジションにあてはめたサッカー。つまり監督の描くプランを90分通して遂行できる選手こそが起用されるというスタイルが、いま現在に至るまで続いています。

しかしそんななか、〝強烈な個人力〟を持った選手が再びあらわれはじめました。

それがリオネル・メッシ（バルセロナ＝スペイン、アルゼンチン代表FW）であり、クリスティアーノ・ロナウド（レアル・マドリード＝スペイン、ポルトガル代表FW）であり、ウェイン・ルーニー（マンチェスター・ユナイテッド＝イングランド、イングランド代表FW）、ディディエ・ドログバ（チェルシー＝イングランド、コートジボワール代表FW）、シャビ・

エルナンデス（バルセロナ＝スペイン、スペイン代表ＭＦ）といった選手たちです。
彼らは相手側のチーム戦略を１人で打ち破ってしまうような、圧倒的な個人技を持った、いわば〝規格外〟の選手です。人は進化する、というのはサッカーにおいても同様で、彼らはさらにチーム戦略をも自分のものにし、それにのっとったうえで、まばゆいばかりの卓越したプレーを続々と生み出しはじめたのです。

ここにきて「時代がひとつ回った」と言えるでしょうか。

いま、チャンピオンズリーグやワールドカップを勝ち上がるようなチームには、必ず先のような選手が存在しています。逆に言えば、そういった選手がいなければ勝ち上がれなくなってきているのです。
しかし今後、またその強い「個」を持った選手を押さえこむような、システマチックな戦略を武器にしたチームが出てくる可能性も十分あります。それは数年後かもしれませんし、もしかすると来年かもしれません。

サッカーはこの繰り返しです。

ただひとつ言えるのは、強い「個人力」、言うなれば「個人戦術」をもった選手が11人いれば、チームは絶対に強くなる、ということです。

それでは、強い「個」を持った選手になるためには、どうしたらいいのでしょうか。

それには確かな「技術」、そしてそれをさらに高める発想や判断力を身につける以外にありません。サッカーは敵にボールを取られさえしなければ、負けることはないのですから、そのために技術を徹底的に高め、1人ひとりが磨いていくほかないのです。

もう一度、見つめ直してみましょう。

本当にきちんとボールを蹴ることができているか？

正確にボールを止めることができているか？

本当に戦える技術を身につけるということは、シンプルであるがゆえに難しく、奥深く、時間のかかるものです。

本書では、1人の選手が強い「1」になるための確かな力をつけるべく、自分の頭で常に意識して考えることの大切さや、具体的な技術論に焦点をあててお話ししていきます。そしてさらに、そうした強い個人力を持つ選手がもっと日本から生まれるために必要と思われる「指導力」についても触れていきます。

選手やその家族、指導者、そしてサッカーを愛するみなさんにとって、本書が戦う「個」としての〝技術〟がいかに重要であるかを再認識していただくきっかけとなればうれしく思います。

私は小学5年生からサッカーをはじめ、大学卒業後はプロ選手として、ドイツと日本で14年にわたってプレーしてきました。そして現在は子どもから大人まで、様々な選手の指導・育成に日々たずさわっています。そうした経験から見えてきたものをお伝えしていきたいと思います。

自分で考え、
真剣にボールと向き合って身につけた技術だけは、
世界中のどこに行ってもけっして裏切らない。

風間八宏

※本書に登場する選手や監督の所属や経歴などは２０１０年６月現在のものです。

contents

自分を深く知れば、戦う術が明確に見えてくる
「考える力」に必要な情報収集力とスピード
技術の高さが考えるスピードを加速させる
確かな「状況判断」が精彩なプレーを生む
〝考えるチャンス〟はグラウンドの外にもある
選手が自らやるべきサッカーを見出すための手助け
手段が〝目的化〟してしまうことの危険性
チャレンジやトライでなく「一番確実なプレー」
「やれない」のか「やらない」のか

第2章 戦える「技術」——止める・蹴る・運ぶ・外す

大切な基本技術が本当に身についているか

0・5秒の技術の差が分けるゲームの明暗
自分に合った技術や解決方法を考えていくことの醍醐味
ボールは触ったぶんしか言うことを聞いてくれない
目指す〝結果〟に到達できるのなら、蹴り方は自由
研ぎ澄まされたプレーは、疲れた頃に現われる？
OBたちに学ぶ、正確な基本技術の重要性
「止める」ために、ボールの性質を知ろう
自分だけのベストな「位置」がある
「止める」と「蹴る」は相乗効果で伸びていく
立ち足を柔らかく使ってボールを正確に「止める」
「置く場所」がバラつくとサッカーは遅くなる
強く速く、生きたボールを「蹴る」ということ
果たして「発想」が先か「技術」が先か？
「一番いい敵」はどこにいるかを探してみよう

「スペース」より、敵を「外した」味方を見逃さない
自ら「フィジカル勝負」をしかけてしまう?
うまく外せば、味方の数だけ攻撃の起点は作れる
「動く」の真意をあらためて考えてみよう
速く進みたいなら「背中で」運ぶのが有効
自分を知れば、誰にも負けないドリブルが生み出せる
特別に見える「目」を持って生まれた選手たち

第3章 日本サッカーに必要な「確かな指導力」

「部員5人」からスタートした私の監督人生
教え子が自ら切り拓いた輝かしい道
「個」を見極める目で選手の力を伸ばそう

「やらせる」サッカーが成長の芽を摘んでいないか
〝みんないっしょ〟の指導で考えられない子にしないために
自分の〝常識〟を取り払うと視界が開けてくる
〝そのための練習〟にこだわらず、個人戦術の向上に重点を置く
「形」に固執するとサッカー本来の目的を見失う
力を「引き出す」ためのポジションチェンジ
ボールだけでなく、グラウンド全体を見よう
安易な「コミュニケーション」で満足しない
「1対1では負ける」サッカーからの脱却
「カテゴリーでの勝利」だけを追求することの弊害
負けることを「絶対悪」にしない
やってみせれば子どもはぐんぐん伸びていく
具体的な「手段」ではなく、目指す「結果」を伝える
子どもたちの未来を預かり、育成に本気で向き合う

終章　日本にも「当たり前のサッカー」を

大人は子どもの力を引き出す「環境」づくりを
子どもを伸ばす「自由な30分」の環境づくり
子どもと大人がいっしょにプレーすることの意義
みんなが「夢」を描けるサッカーの実現を
「予想外」が起きるからこそ育成は面白い

編集・構成	平田治久（NOVO） 細田操子
構成協力	三園利幸
ブックデザイン	ヤマシタツトム
イラスト	高原義夫
DTP	NOVO
撮影	石川健一郎
撮影協力	ホテル日航東京 筑波大学蹴球部 トラウムトレーニング

第1章

「個人戦術」で掴む勝利への布石

個人戦術は「考える力」と「技術」の集合体

サッカーをするうえで、選手に必ず必要となってくるのが「個人戦術」です。最近では、11人をどういった配置で戦わせるのか、という視点に重きをおいたシステム論や「チーム戦術」がもてはやされていて、「個人戦術」が後回しにされがちになっています。

ではいったい、「個人戦術」とはなんでしょう？　簡単に言えば、それは読んで字のごとく「選手1人ひとりの戦う術」です。

難しいことではありません。たとえば、あなたが足が速いとします。これまで足の速さを武器にサッカーをやってきたのですが、いま、目の前で対峙している敵は自分よりもっと足が速かった場合、これに〝気づく〟ということも「個人戦術」です。自分が劣っているところと優れているところをきちんと客観的に見極め、自分はどう戦うべきかを自分の頭で考えて組み立てる、ということがとても重要なのです。

選手全員が「個人戦術」を持ち合わせていれば、必然とチームは強くなっていきますし、それだけ強い「個人力」が集まれば、そこにはすでに「チーム戦術」を展開するだけのチー

個人戦術のバランス

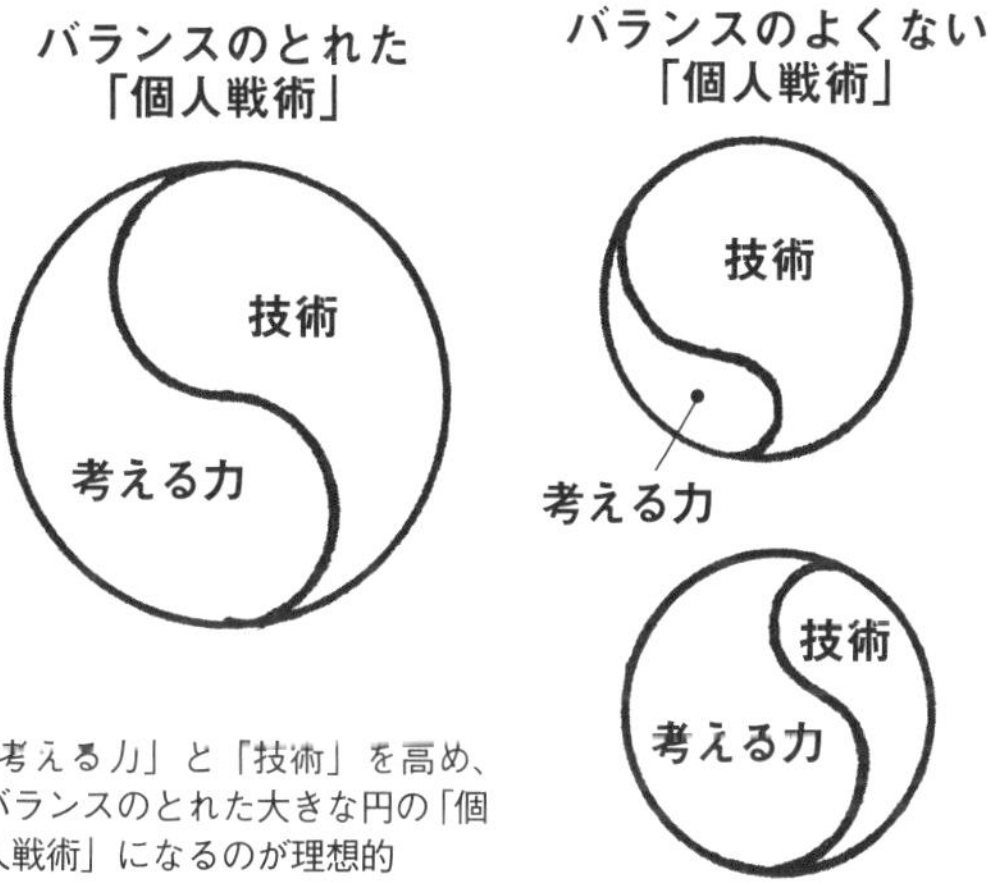

「考える力」と「技術」を高め、バランスのとれた大きな円の「個人戦術」になるのが理想的

ム全体のスキルが存在していることになります。

さて、「個人戦術」を発揮するには、「考える力」と「技術」の2つが揃っていなければなりません。考える力には、「判断力」というのも含まれます。そしてもちろん、考える力と技術のどちらかひとつだけ備わっていればよい、ということではなく、2つで一体のものと考えなければなりません。

たとえば、チームに守備が苦手なAという選手がいるとします。その場合、敵チームにその選手を狙われないように、Aを守備に専念させるという考え方もありますが、仮にAが攻撃が得意であるならば、試合中はずっと攻撃を仕掛けさせるのも手です。そうすれば敵は攻撃ができず、守りに回らなければならなくなります。敵が守りに入っているうちはけっして攻めてくることはありません。つまりこうすることで敵の「攻撃力」を消すことも可能になるのです。このような発想は、選手個人が状況に合わせて考え、判断する力がなければ生まれてくるはずもありませんし、「考える力」と「技術」の両方を持っていなければ、試合に何らかの影響を与えることもできないでしょう。

私が現役のとき、監督から、「今日は右サイドバックをやってくれ」と言われたことがあります。指示はそれだけでしたが、ボールが私にとって逆の左サイドにあるときには、ポジションを中央に自然と絞ったものです。なぜか？　それがベストだと「判断した」からです。いま、多くの選手は指導者から「君が右サイドバックだったら、左サイドにボールがあるときは〝このようにプレーしなさい〟」と、「答え」にあたる部分まで指示してもらっています。これを「チーム戦術」、あるいは「監督として当然の役割」ととらえる向きもあるかもしれません。ですが私は、それは個人個人が自分の果たすべき役割に気づいて判断しさえすればよいレベルの問題だと思うのです。

また、初めに「チーム戦術」ありきの手法をとってしまうと、選手がチームの決まりに従うだけで、自分で考えることを放棄してしまい、工夫することができなくなったりするなどの弊害が出てきます。プロ選手を観ていても、考えることをしない、あるいは、やめてしまった選手は、残念ながらたくさんいるように感じます。しかし、世界のトップリーグで戦う一流選手は違います。

たとえば、クリスティアーノ・ロナウドやリオネル・メッシやルーニーの場合、対戦するチームは彼らがどんな特徴の選手であるかをもちろん徹底的に研究して当日の試合にのぞむわけですが、それでもなかなかボールを取ることができません。

なぜわかっていても止められないかというと、ロナウドもメッシも卓越した「個人戦術」を持って戦っていて、戦う相手が変化すれば、それに応じて自分の戦闘スタイルも自在に変えることができるからです。観客からすれば、いつも同じようにプレーしているかのように見えるかもしれませんが、けっして同じことをしているわけではないのです。

もし彼らにパターン化された特徴しかないのであれば、敵チームに研究され、とっくに止められているでしょう。もちろん彼らも監督たちが組み立てた「チーム戦術」のもとで戦っています。しかしその中においてもなお、「個人」という自己表現がしっかりとできているのです。

私は日本の選手にもこうした「個人戦術」を発揮して戦うことは、十分に可能だと考えています。

個人戦術を重視＝チーム戦術の軽視ではない

私がいつも、「個人が重要だ」と話すと、決まって「ではチーム（戦術）は重要ではないのですか？」と質問されます。

勘違いされがちなのですが、「個人戦術」は自分だけがよければいいのではありません。私がお伝えしたいのは、自分の力を最大限に活かして戦えるのは自分だけであり、他者に責任転嫁するべき問題ではないということです。

しかし当然、サッカーは個人競技ではなく、11人で行うスポーツです。グラウンドに選手が揃えば、その瞬間には特に意識せずとも、しっかりと「チーム」になっているはずです。そのチームという枠組の中では、個人の能力のレベルに応じて、チームがやれることも変わってきます。ですから、チームを強くするため、あるいは個人が楽しくプレーするために、そ

れぞれの「力」を選手全員が持ち、パフォーマンスのレベルを上げることが不可欠なのではないかと思うのです。自分のこともできない選手に、「人を思いやれ」と言ったところで無理なのと同じです。

たとえば、自分のチームに退場になった選手が出て、フィールドプレーヤーが10対9の状況になったとします。そのとき、「10対9」という〝配置〟でどう戦うべきかを真っ先に考えるのではなく、「この状況下で自分は何ができるのか？」を第一に考えるのが「個人戦術」の基本姿勢です。

敵と戦うというのは、敵からボールを奪うことも意味します。つまりボールを奪う能力に長けた選手が「僕が2人をマークしておくから大丈夫だよ」と言えば、数字のうえで不利であるという原則は解消され、十分対等に戦うことができるのです。

個人戦術が奏功したサンフレッチェの優勝

具体的なエピソードでさらに詳しくお話しします。私が現役でサンフレッチェ広島に所属していた94年、Jリーグのファーストステージでチームは優勝したのですが（当時のJリーグは、ファーストステージとセカンドステージの2ステージ制で行われていました）、それまで清水エスパルスにずっと勝てずにいるというのが大きな課題でもありました。そこで、バクスター監督はある作戦を立てました。自分たちの今までのスタイルを崩し、マンマークの強い上村健一選手（現役引退）を中盤に入れ、相手のキープレーヤーに密着マークさせたのです。

上村選手には攻撃ではなく、とにかく守備に徹してもらいました。いつもは森保一選手（現役引退）と私が中央に位置してゲームを組み立てていたのですが、このときの私は右サイドを任されました。監督からは「中盤の右サイドで1人対3人の状況になるかもしれないが、うまくゲームをコントロールしてくれ」とだけ指示されました。

試合が始まり、私がまずしたことは、前に出て相手陣内にポジションをとってみることでした。なぜそうしたのかというと、私の周りの清水の選手の対応を見ようと思ったのです。私についてきて守備をするのか、私を放って攻撃をするのか。

結果、3人ともついてきました。そこで私は、この試合は相手が気づくまで、右サイドの少し高い位置でプレーしようと考えたのです。そうすれば、やられることはないな、と。

これは1人ひとりが「個人戦術」を持っていなければできないことです。マンマークで敵をどう押さえるのか、1人対3人で負けないためにはどうすればよいのか。

監督が紙の上でフォーメーションを説明したところで、実行できる選手たちがいなければ、まさに〝机上の空論〟に終わるでしょう。「個人戦術」があったからこそ、状況に応じて考え、戦術を組み立てることができるのです。

監督からの指示はあくまでも「最低限の仕事」

海外のクラブに移籍するや、出場の機会が激減してしまう日本人選手が多いのは、まさに考える力と技術によって裏打ちされた「個人戦術」が圧倒的に不足していることが大きな原因ではないでしょうか。監督から何か指示を与えられると、その役目を果たしたらそれで終わり。当然、海外で通用するわけがありません。

たとえば監督から「今日は相手を押さえてくれ」と指示が出たとします。日本の場合だと、その通りにできれば、「どうですか、監督。僕はしっかり仕事をしましたよね」と胸を張ってベンチに戻ってくることでしょう。監督側も「よくやった」と思うはずです。そして両者とも満足のうちに試合は終わります。

ところが、海外の場合は事情がまったく違います。日本で「最高の評価」に値するものが、海外だと「最低限の約束事」を果たしたにすぎないプレー、となってしまうのです。

指示通りに敵をうまく押さえたとしても、監督や他の選手からは「君は指示通りに押さえたけど、なぜその後に何もしないんだ？　完璧に押さえたのであれば、攻めにも参加すればいいだろう。そこからが君の本領なんだから」と言われます。

海外ではそれが当たり前の戦い方であり、海外で通用しない日本人選手に欠けている部分もそこにあるといえるでしょう。

私にもこんな経験があります。現役時代にドイツでプレーしていたときのことです。当時の私は攻撃的ＭＦで、テクニックにはそれなりの自信がありました。

しかし、相手チームが私の足を狙ってくるので、監督からストッパー（ＤＦ）にポジションを変更し、相手のセンターフォワードをマークするようにと命じられました。それと同時に「後ろからゲームを組み立てろ。１対１なら楽だろ？　私の指示は馬鹿げたことだと思うかい？」と聞かれましたが、私はまったくそんなことは思いませんでした。マークする相手はかなり有名な選手でしたが、相手が1人なら楽ですし、むしろ絶対に結果を残してやろうと奮起しました。

結局、5試合でストッパーを任され、マン・オブ・ザ・マッチ（試合の中で最も活躍した選手）に4回選ばれるほどの結果を残しました。そこで私は、監督に改めてはっきりと伝えました。

「僕のポジションはここ（DF）じゃない」

と。監督は「それは十分わかっている」と言いましたが、私は「あなたはわかっていない。僕は元のポジション（MF）でも絶対にやられたりしない」と再び反論したのです。結果を出したからこそ、監督にも対等に向き合えると判断したためです。

私の考える「戦える選手」というのは「どこのポジションも器用にこなす選手」ではなく、どこにいても自分のナンバーワンのプレーを発揮できる人間です。そういう選手にならないと、チームの戦術に適応できるはずもないですし、個人戦術がなければ、チームメイトからパスが回ってこなくても当然なのです。

プロ選手になったかつての教え子が、チームの監督と考え方が異なると相談にきたことがありました。

「僕はこのプレーがベストだと思ってサッカーをしているのに、監督はこうやってくれと、別の要求を出してきます。でも、僕が思っているやり方のほうが絶対に相手に攻められないと思うんです」と主張します。私が「(言いたいことは) それで終わりか?」と言うと、彼は戸惑った顔を見せました。

「いいんだよ、そんな君の能書きは。君の理想論のサッカーを聞いているんじゃない。君はプロなんだろ? じゃあ監督の指示を完璧にこなせばいいんだよ。それをやらなかったら君が悪いんだ。その代わり、その指示をこなすだけで終わりなら、未来のない、どうってことのないプロ選手だ。その先に君が色をつけてチームを勝たせればいいじゃないか。それができる選手は、どこのポジションでもどこのチームでも活躍できるんだよ。君の勝手なサッカー論を持ち出して勝手にふて腐れても仕方がないだろ」

そう喝を入れると、彼は「やる気が出ました」と言って帰っていきました。それ以降、彼はレギュラーポジションをしっかりとつかんだのです。

先にお話ししたように、海外のグラウンドでは、日常的な場面で当然のように「個人戦術」

を駆使した戦いが繰り広げられています。11対11で向かい合うとき、11人の「個人」全員が負けなければ、試合に負けることはほぼありません。

システムやチーム戦術を語る前に、確固とした強い「個」がなければ、強い組織を形成することも難しいのです。

世界の一流クラブは、全員がずば抜けた「個人戦術」を持ち合わせています。当然、それを実行するための技術と発想もありますから2、3人に囲まれてもボールを取られないし、ドリブルやパスを織り交ぜながらどんどんボールを運ぶことができます。これは、どんな状況でも「絶対にボールを取られてはいけない」という、自分自身や周囲からの圧倒的なプレッシャーの中で戦っているからこそ身につくものなのです。

自分を深く知れば、戦う術が明確に見えてくる

発想と技術を結集した「個人戦術」をもって戦う。そのためには日頃から何をすべきなのでしょうか？

特別なことは何ひとつありません。まずは「自分を知ること」から始めてみましょう。

サッカーは、敵と戦うスポーツです。自分のことすらよく知らない人間が、敵のことを知ったり、自分と敵を比較することなどできるはずがありません。

ここで改めて自分自身のことを思い返してみましょう。自分は何のためにサッカーをしているのか、何が得意で何が苦手か。そしてどんなことを楽しいと感じ、面白く思うか。やりたくないことは何か。これを自分なりに分析したうえで、「どうすれば試合で勝てるのか？」「勝つために自分は何をするのか？」と、常に考えることが戦う力へとつながり、その力を持った個人が集まって初めて、「自分はこうしたい」「いやお前はこうするべきだろう」と、チーム内で具体的かつ対等に話し合うことができるのです。

一度試合が始まれば、監督がいくら大声を張り上げても、プレーするのは選手です。だからこそ選手個人が考えることが重要なのです。最近は試合中に、ベンチの監督やコーチの顔色をうかがいながらプレーする選手も多く見られますが、それはあまり美しい姿ではありません。そもそも選手自身が楽しくないはずです。

サッカーは、いやチームスポーツ全般に言えることなのかもしれませんが、残念ながら、必ずしもうまい選手のレベルに合わせて試合を進められるわけではありません。同じチームにうまい選手とそれほどでもない選手がいれば、うまい選手のほうがレベルを下げるしかない場面も往々にしてあるのです。

野球にたとえれば、150キロ投げるピッチャーがいたとしても、キャッチャーが130キロまでしか捕れないのであれば、その投手は130キロでしか投げられないのと同じことです。

いま、スペインのバルセロナのサッカーが面白いといわれるのは、メッシやシャビといった注目度の高い選手はもちろん、〝それほどうまくない〟選手のレベルも総じて高いからなのです。

ヨーロッパに日本の高校生を連れていき、いっしょに練習に参加させてみると、日本の高校生のほうが上手だったりします。しかし、試合になったら、それまでの練習ではあまり目立たなかったヨーロッパの選手たちばかりがたちまち本領を発揮しはじめ、逆に日本の高校生のプレーでは通用しなくなってしまいます。その違いは何かというと、やはり自分を知っているかどうかです。つまりヨーロッパの選手たちは「自分のどういう点が敵より優れているか」を感じ取るのが速いのです。

彼らは、自分のレベル、できることとできないことをきちんと知っているため、ボールを持ったら敵が奪いにくる前にどんどんパスでボールを動かし、ミスをほとんどしないものです。けっして技術が抜群に優れている、というわけではなく「戦うこと」に長けているのです。これこそが「個人戦術」なのだと改めて実感させられます。子どもの頃から、「自分は何ができるのか」を常に考える環境で戦っている選手とそうでない選手の間には差が出てくるのも当然のことです。逆に考えれば、そんな環境が日常に存在すれば、日本の選手は技術で勝つこともできるでしょう。

「考える力」に必要な情報収集力とスピード

次に「考える力」について詳しく解説していくことにしましょう。

「考える力」というのは、サッカー選手に必要な基本的な能力です。私が選手によく言っているのは「ボールがないときに周りの状況を見ておくこと」と「次にボールがきたときにどう動くべきかを常に考えなさい」ということです。

どれだけ周りが見えているかは、言い換えればどれだけ情報を持っているかということです。情報は考える際に不可欠なファクターです。考えるための作業をする前にいつも周囲を見て情報を集めておくことを習慣づければ、自然と考えられるようになり、自分の技術の中で、いまどれを使うのがベストかを選択できるようになります。見る技術もしっかりと身につけなければなりません。

また、考えるときには、「スピード」も必要です。

たとえばグラウンドに出たときには、

・自分がやりたいこと

・敵にやられたくないこと
・自分の状況
・敵の状況
　という項目が情報としてしっかりと見えているかどうかが「考えるスピード」に直結します。もちろん選手や状況によって把握できる情報の種類や数は変わってきます。3つ見えている選手もいれば、1つだけしか見えていない選手もいるでしょう。瞬時のうちに多くのものが見えていればいるほど、考える時間が増え、より目的の明確なプレーが可能になるといえます。

　しかし、これらが見えていないときは、何の目的も意思もないまま、ボールを受けてしまうことになります。そこから考えて無理に判断を下そうとすると長い時間がかかってしまい、ミスにつながりやすくなります。こうした場合、私はその状況に置かれた選手たちにはあえて「考えるな」と伝えます。

サッカーは常に状況が変わっていくスポーツですから、どんなにうまい選手でも、瞬時に考えられないときはあります。そういうときは、考えている選手、もしくは考えていそうな選手にいったんボールを預けて、再びボールをパスしてもらうまでの間に「考える時間」を作って、情報を入れておけばよいのです。

世界の一流選手でも、考えないままでボールをもらう状況は多々あります。

たとえば、自分は周囲の情報や状況が見えてはいても、受け手がそうでないと判断したときはボールを持ちつづけるのではなく、誰かにボールを預け、受け手に時間を与えることで、もう一度を組み立て直すことをしています。

どんな選手だって毎回うまくいくとは限りませんから、考えていなかったときは「自分はまだ何も考えられていない」ということに早く気づくことも重要です。そこに気づいているかいないかでその選手の動き、ひいてはゲーム全体に及ぼす影響はまったく違ってくるからです。

最悪なのは、「考えるふり」をしてしまうこと。考えるタイミングを逸してしまっているのに、今さら見えるものを探したところで、結果的には目的のあいまいなプレーにしかつなげられないことも多いものです。

それならば、先ほど言ったように、きちんと状況や情報が見えている選手にパスを出し、その間に考えるべきでしょう。自分が考えていないことや、見えているものがないことに気づく速さ、それもまた選手に必要な要素なのです。

技術の高さが考えるスピードを加速させる

「考えるスピード」について、もう少し考えてみましょう。

たとえば、ボールを止めてから0・5秒で蹴れる選手と、1秒かかる選手では、その後の時間的余裕に差が出るため、結果的に技術が高い選手ほど、「考えるスピード」もより速くなります。試合でそのような選手と対峙したら、こちらもいつも以上に速く動かなければならないうえ、迅速な準備も必要になってきます。

もうひとつの例として長距離のキックを挙げてみます。

一般的に長距離のパスやシュートは、インステップキックで蹴る選手が多いです。しかし、インステップキックは足を振りあげるため、それだけ時間がかかってしまいます。もしその長い距離をインサイドキックでパスができたらどうでしょう。キックのモーションがないから、敵はいつボールがくるのか読めません。そんなプレーを誰もが当たり前にできれば、試合の展開もますますスピーディーになっていくのです。

確かな「状況判断」が精彩なプレーを生む

さらに、考える力を高めるには「状況判断」も欠かせません。

サッカーは、コンマ何秒という間に状況が刻々と変化するスポーツです。その中に身を置いたとき、どれだけスピードを持ってその状況に自分を適応させていけるか。そのスタイルは選手1人ひとりによってそれぞれ違っていて、自然と体が反応する選手と、ボールがくる前に、どういうふうにボールを運ぶのかをシミュレートする選手がいます。

これはもちろん、どちらでもかまいません。

ボールを取られさえしなければ〝どちらでもよい〟のです。

インサイドキックとインステップキックの違い

インサイドキック
モーションが小さいため蹴るタイミングやコースを読まれにくい。
インステップキック
モーションが大きいため、蹴るタイミングやコースを読まれてしまう。

自分のチームの選手が調子が悪そうだと思えば、あえてパスを回さないというのもひとつの状況判断でしょうし、相手のウィークポイントがあれば、そこばかり突いていくのも同様です。つまり、最良の「状況判断」とは、状況によってそのつど、的確に答えを見つけてプレーできることなのです。

ただし、「状況判断」を繰り返していくなかで基盤となるのは、やはり選手1人ひとりの持つ「技術」だということも意識しておきましょう。

1970年代から90年代にかけて活躍したディエゴ・マラドーナ（元アルゼンチン代表）を例に挙げてみましょう。彼は、いまさら説明不要だと思いますが、現役時代はありとあらゆるプレーにおいて卓越した選手でした。彼には、空中でも蹴れるという発想がありますから、浮いているボールに対して、オーバーヘッドキックも選択肢に入ってきます。しかし私にはオーバーヘッドキックはできなかったので、そもそもオーバーヘッドキックをするという発想が最初からありません。

ドリブルにしてもスタイルが違います。マラドーナは、スピードが速いから、足のつま先でドリブルをしますが、私の場合は、ドリブルが得意ではあるものの、スピードは速くないので、足でボールを守るようにドリブルしながら、同じように進んでいきました。

つまり選手によって状況判断は千差万別。持っている技術や得意分野によって、自在に変化していってよいのです。

もうひとつ例を挙げましょう。

私が指導者になってからの練習で、学生といっしょにゲームに参加していたときのことです。私がボールをキープしていると、50メートル先のFWの選手がマークを外す動きをしていました。私は彼に言いました。

「もっとよく考えなさい。君の動きは全部見えているが、今の私にはそこまでボールを蹴る力はないのだから」

現役時代だったら蹴ることのできた距離なので、今でもその地点までしっかりと見ることができます。そこを目がけて蹴るという発想ももちろんあります。

しかし、今は蹴る力がないのだから、そのFWの選手がボールをもらうためには、もっとこちらに近い距離でマークを外すか、もしくは、もう少し自分の近くにボールがきてから動きはじめる、ということでもよいのです。つまり彼は適切な状況判断をしておらず、無駄な動きをしていたということになります。

敵だけでなく、味方の技量も状況に応じて判断できれば、常に効果的な動きができるようになるはずです。

〝考えるチャンス〟はグラウンドの外にもある

考える力や判断力というものは、一朝一夕に身につくものではありません。日頃の練習や試合の中で考えることを習慣づけていくことはもちろんですが、子どもの頃から「考える癖」をつけさせるように、意識して育てられた選手はより強くなると思います。

判断力をつける機会は、グラウンドの外の私生活の中にも数多くあります。

たとえば自分が嘘をついたとき、どうしたら親に怒られないで済むか。どうせ怒られるなら今のうちに怒られておいたほうがあとあと楽かもしれない、と考えるのもひとつの状況判断です。そんな日常的なシーンでも一所懸命に自分でベストだと思える判断を繰り返すことは大切です。

親が子どもの状況判断を妨げてしまっているケースもあります。

子どもが忘れ物をしたときに、親が先回りしてそれを渡してしまったら、その子どもはなぜ自分が忘れてしまったのか、原因を考えようとはしないかもしれません。そして自分で忘れたことを反省する、という体験をしてこなかったせいで、大人になってから、忘れ物以上の大きなミスを生んでしまう可能性だってあるでしょう。

親が子どもを「車で送れないから」という理由で、サッカースクールに通わせられないと決めてしまうのも、もしかすると子どもの判断力を養う機会を奪っているかもしれません。子どもがそれでも通いたいと思えば、電車での行き方を教えてほしいと聞いてくるかもしれない。それなのに、車で送れないから無理というのは、子どもの判断ではなくて、親の都合にしかすぎない場合も少なからずあるのでは、という気がしています。

このように大人たちが状況判断の場を奪っていくことで、子どもが自分で考え
なってしまう場面は多々見受けられます。

よい選手というのは、私生活でも自分で判断する習慣が自然と身につい
親に言われたからとか、先生に言われたからとか、誰々に指図されたから
り口にしません。

私が小学生の頃は、スポーツ中に水を飲んではいけないと言われていた時代た．練習場に行っても何も飲み物はありませんでした。

しかし、どうしても喉は乾くものです。そこで、休憩時間になると水に漬けてあったタオルを持ち上げ、そこに含まれた水を吸っていました。それ自体も悪い判断ではないと思いますが、その水は衛生的ではありません。もっと綺麗な水はないかと考えた私は、氷が山盛りにされているのを見つけ、それを食べることにしました。

それを見ていた先生は、「確かにそれは水じゃないよな」と、半ばあきれ顔でした。そうすると、今度は周りのみんなも氷を食べ、さらに「自分も先生を驚かせよう」と、次々にいろいろな発想を出してきました。

このように、子どもの頃から〝自分で考えよう〟と思ってさえいれば、その状況はどこにでも転がっているものなのです。

選手が自らやるべきサッカーを見出すための手助け

しかし、残念ながら「考えられない子ども」は、なかなか変われないようです。

どもの」

「考えられない子ども」と「考えてこなかった子ども」は別で、「考えてこなかった子ども」というのは、考えることを始めると、一気に変わる可能性があります。本来、「考えられない子ども」などというのはいないはずなのですが、スポーツにおいては「考えられなくなってしまった子ども」はいます。

原因のひとつは、指導者が自分の考えを彼らに押しつけてしまったことでしょう。結果、枠の中から抜け出せず、「指導者の教えに忠実に従う」ことしかできなくなるようです。

本来はもっと自由に、萎縮せずにプレーしてもよいのです。そして、その方法は自分で考え、気づき、身につけていけばよいのです。

私の教え子の中から、数人の選手たちがプロの世界に飛び込んでいきました。彼らは私の指導を受けるまでの自分を振り返り「今まで僕は何をやっていたのだろう。なぜ何も考えないでサッカーをしていたのかな」と口を揃えて言います。

しかし、私は彼らに自分の考えを刷り込んだわけではありません。彼ら自身が持てる力を出しただけであり、やるべきサッカーに気づいただけです。

同じように指導しても考えることの重要性や自分の持ち味に気づかない選手もいるでしょ

う。成長を遂げた選手たちは自分の力に気づいたから伸びたわけで、プロの世界に入っても、考えることを続ければ、まだまだ伸びていくと思います。

手段が〝目的化〟してしまうことの危険性

確固とした個人戦術を構築するためには「考える力」と同様に、「技術」もまた不可欠な要素です。どんなに発想を練ったり、熟考したところで、それを表現する技術がなければ、すべては〝絵に描いた餅〟でしかないからです。

そしてその技術は高いほど、自分の中で発想できる選択肢の数が増え、プレーの幅も広がります。

しかしここで忘れてならないのは「それは何のための技術か」ということです。ボールを止める、蹴る、運ぶ……といった数々の技術を磨くことは確かに大切です。ですが、それはあくまで「点を取って勝つ」という目標に到達するための手段にしかすぎません。

にもかかわらず、それが目的そのものにすり替わってしまったサッカーが、多くなりすぎているのでは、と思います。目的と手段の区別がついていないと、サッカーそのものを見失ってしまうことになりかねないのです。

サッカーとは何か？

もう一度、じっくり考えてみましょう。

自分たちが点を取って、敵に点を取られずに勝つこと。つまり、それが目的のすべてであって、それ以外はありえません。

しかし、目的を見失っていると「目的を達成するための手段」のはずが「手段（ここでいえば技術）をうまくこなすためにサッカーをする」といったような、間違ったスパイラルに陥った状態のまま、グラウンドに立ちつづけることになってしまいます。

すると選手たちは、絶妙なパスを通したり、ボールをうまくトラップできたりしたという、あくまでも「手段が成功した」ことに達成感を持つことになるでしょう。

矛盾した話に感じられるかもしれませんが、サッカーの練習というのは「止める」「蹴る」「運ぶ」「外す」がうまくなることではなく、「サッカーがうまくなること」そして「プレーを円滑に楽しみ、なおかつ強い選手になる」ということが本来の目的だと思います。

そこを見誤ると、最終的にテクニックを高めるだけの「習い事」になってしまいます。

重要なので何度も繰り返しますが、「技術」を身につけることはあくまでも目的を達成するための手段であることを肝に銘じましょう。

チャレンジやトライでなく「一番確実なプレー」

ここ数年、「チャレンジ」とか「トライ」という言葉をよく耳にします。ですが、私は選手たちにそういった言葉ではなく、「一番確実なプレーを選びなさい」と伝えるようにしています。それはゴール前、あるいは中盤などポジションにかかわらずです。

まだまだ力の足りない選手は、「一番確実なプレー」と言われると、後ろに下げてパスをしてしまいますが、この場合、彼らは「一番確実なプレーを選びなさい」という言葉の意味がきちんと理解できていないことになります。

では「一番確実なプレー」とは何を指すのでしょうか。

ゴール前の場合ならゴールを奪うために、複数の選択肢の中から一番確実なことを選ぼう、ということです。

広いスペースがあるが、そこにパスを出してもシュートにつながらないときと、もう一方は狭いがぴったりとパスを通せば、シュートに結びつくというのであれば、後者が私の考える「一番確実なプレー」です。もちろん、選手の技術レベルの差異によっても選択肢は変わります。

そこには「トライ」や「チャレンジ」といった概念は存在しません。

成功するためには、いま何をすべきか？

それをいかなるときも追求する姿勢を貫いていれば、自ずと「確実な選択肢」は見えてくるはずです。自信をもってプレーすることが大切なのです。

一番確実なプレー

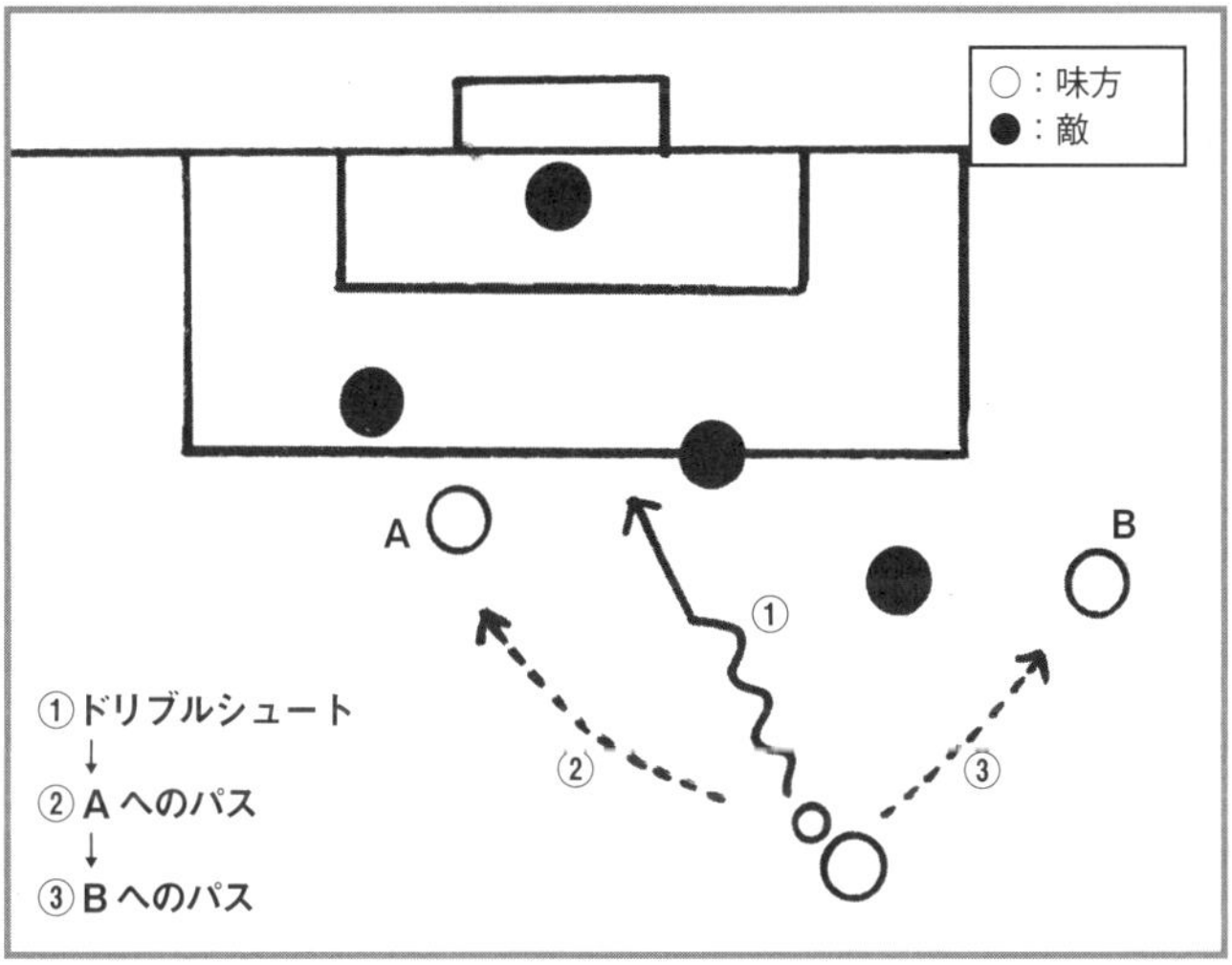
○：味方
●：敵
A
B
①
②
③
①ドリブルシュート
↓
②Aへのパス
↓
③Bへのパス

「やれない」のか「やらない」のか

私が指導をしているとき、選手が5メートルのパスをミスしようものなら、

「なぜそんなミスをするのか？　君たちはやれないんじゃなくて、私から見たらやらないだけだ。こんなことを私に言わせるな。私がやるんじゃなくて、君たちがやるんだ。やらされるな。もっと考えて目的を持ってプレーしなさい。本気で楽しみたい奴、本気で勝ちたい奴はこんなミスなどしないぞ。私がもし選手だったら、ミスしたやつの尻を蹴って、監督に私かこいつのどちらかを交代させてくれって言うぞ」

と言って本気で怒ります。練習では5メートルのパスができない選手たちではないからです。

「勝つ」とひとくちに言っても、圧倒的な力の差で勝ちたいのか、ただ勝てばいいのかによって、やるべきことは変わってきます。

ちなみに「ただ勝てばいい」などといった目的で戦うのは、あまり意味がないような気がします。なぜなら育成段階では勝ち負けだけが重要なのではなく、あくまでも先を見すえた戦い方が大切なのではと考えるからです。

私が学生時代にはリーグ戦、春季対抗戦、総理大臣杯、大学選手権などで優勝し、天皇杯でもベスト4まで進むことができました。

しかし、将来的に勝ちつづける選手になるためには、結果よりも、自分でこだわり、考えることを身につけなければなりません。勝つことも重要ですが、次のステージに進んだときに過去の実績は何も助けてはくれないのです。

最近では、口を酸っぱくして言ってきたので、さすがに自分で考えられる選手が増えてきました。ですからひとつの試合の勝ち負けで浮わつくことも、落ち込むこともありません。勝てなければその原因を、しっかりと考えられるようになっているからです。

私が指揮を執っている試合で、選手がなぜそこにパスをするのか？　と疑問に思うことはありますが、それが結果的に成功しているのであれば、選手の判断として問題ありません。選手が考えたうえで、確信を持ってプレーしているのであれば、私（指導者）の発想と違っていてもよいのです。

次の章からは、その発想を表現するための「技術」についてさらに深く考えていきたいと思います。

第2章

戦える「技術」
——止める・蹴る・運ぶ・外す

大切な基本技術が本当に身についているか

サッカーはご存知の通り、ボールを「止める」「蹴る」「運ぶ」、敵のマークを「外す」、このアクションの連続で成り立っています。そしてサッカーの技術は、この4つが基本かつすべて、と言っても過言ではありません。第1章でお話ししたように、確かな個人戦術は考える力とこれらの「技術」が高いレベルで融合してこそ、自分のものにすることができます。この章では技術に焦点を当て、強い「個」の力を身につけるには何をすべきか、解説していきます。

さて、冒頭に挙げた4つの技術は、バラバラに切り離して考えるものではありません。よく「ナイストラップ!」と言ってプレーを讃えたりしますが、ただボールを止めただけでは、決して〝ナイストラップ〟ではないのです。止めて終わりの競技ならそれでパーフェクトかもしれませんが、サッカーには続きがあり、次に必ず「蹴る」か「運ぶ」かしなければならないのですから。

どれひとつをとっても必要のない技術はないのですが、特に「止める」「蹴る」は、サッカー

「止める」「蹴る」「外す」の連続

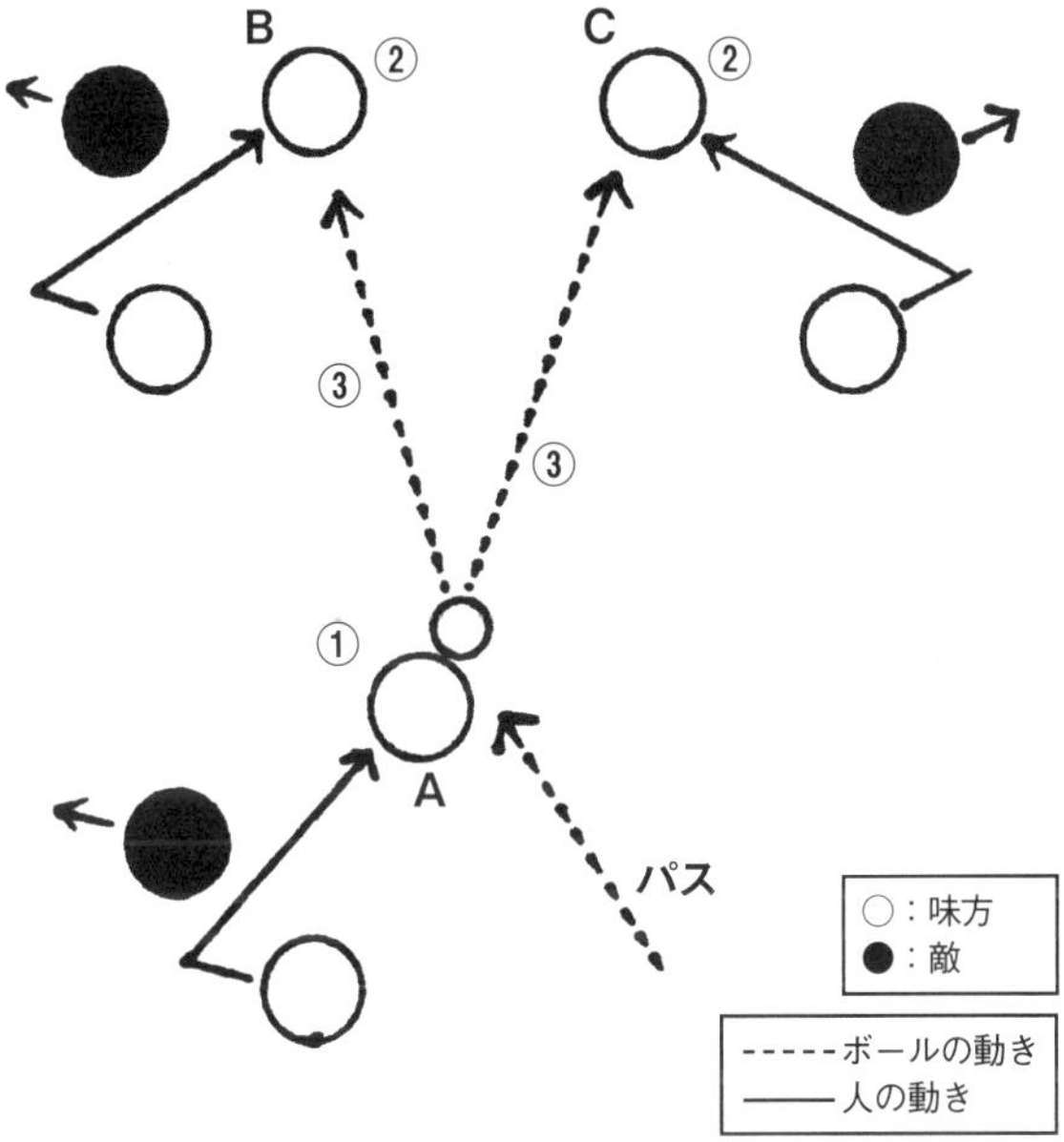

① A は敵を外してパスを受け、すぐに自分の位置にボールを置く。

② 同時に B、C はそれぞれ敵を外す。このとき外す動きは、あくまでもタイミングよく行うことが重要。早すぎても遅すぎてもよくない。

③ B、C と敵の動きを見極め、よりゴールへ結びつく方を判断し、素早いパスを足元へ通す。

以下、パスを受けた者がまた繰り返していく。

の基本動作です。ただし基本ではありますが、これをすでに「究めた」と自他ともに認められる選手がどれだけいるでしょうか。

せいぜい「できているつもり」ぐらいのレベルでとどまっている人が、ほとんどではないでしょうか。

いま一度、選手の「止める」「蹴る」という技術だけに重点を置いて、サッカーを見てください。たとえプロの選手といえども、驚くほどにその技術がおろそかになっていることに気づくはずです。

現在、プロの世界でプレーしている選手たちですらそうなのですから、こうした技術を完全に自分のものにすることがいかに困難で時間のかかることか、想像していただけると思います。

0・5秒の技術の差が分けるゲームの明暗

パスを受けたときに、1回止めただけで次にどんなプレーにも対応できる選手と、止めた後にもう一度ボールに触らなければ次のプレーに移せない選手。どちらが次の展開に早く移れるか、そしてどちらがうまいのか、誰にでもわかるでしょう。ちなみに、よく日本で「トラップした瞬間を狙え！」と言いますが、あれは止めたあとのプレーがもたついていてボール保持者に隙ができるからです。

「イチ」と、「イチ、ニ」というボールタッチの違いは、「だるまさんがころんだ」を思い浮かべるとわかりやすいと思いますが、わずか1テンポの遅れが敵に近づく時間を与えてしまいます。敵との距離が遠ければ遠いほど、次のプレーに移れる余裕があり、選択肢が増えるのがサッカーですから、この時間を敵に与えることは非常に大きなマイナスとなるのです。「イチ」でボールを的確に止められれば、敵は飛び込んでくることができません。しかも味方選手も同じように「イチ」のタイミングで動けるので、どんどん試合の速度は上がっていきます。

止めて、蹴るまでに0・5秒の選手と、1秒の選手だったら、0・5秒の差がつきます。それが2回続けば単に1秒の差ではなく、味方の選手も0・5秒で動けるので、その差は数字以上に大きなものとなっていきます。するとそれが肝心のゴール前で「イチ、ニ」とやれるだけの時間的余裕を生み、得点に直結するかもしれません。

ですからトラップミスをした選手に、「無駄な時間を使うな」とチーム全体で言えるようになってくるだけでも、質の高いスピーディーなサッカーに一歩近づいているのです。当然、ミスをした選手自身も、ただ「トラップミスをした」ではなく「チームの時間を浪費してしまった」ということが実感としてわかってくれれば、次にできるだけ正確にやろうと思うはずで、チームのレベルは自ずと上がっていくはずなのです。

世界トップチームのサッカーは、単純にパスのスピードが速いのではなく、冒頭で述べた基本技術の1つひとつが正確で速いのです。チーム全体が速いと敵チームも「ボールを取りにアプローチしろ」という指示は通用しないでしょうし、基本技術が優れていたら、ボールを取りに近づくことすらできません。近づけば、あっさりとドリブルやパスでかわされてしまい、チームに穴をあけることになるからです。

ちなみに日本のサッカーも「速い」と言われていますが、これは攻守の切り替えであったり俊敏な細かい動きだったりという、動きの速さのことであって、本来の「サッカーが速い」とは、残念ながら少しかけ離れているのです。

さて、「止める」「蹴る」という技術は、実にシンプルです。シンプルゆえ、サッカーを少

9
11

しでもやったことのある人ならなおさら「そんなことできるよ」と思うかもしれません。

しかし、シンプル＝簡単と考えるのは大きな誤りです。

真の技術を体得することは非常に難しく、かつ時間を要します。そして、この基本技術の質によってしか、サッカーを変えられることはないのだということも、ぜひ知っておいてください。


自分に合った技術や解決方法を考えていくことの醍醐味

次にボールを「運ぶ」技術に関してはどうでしょうか。

ボールを持たずに走るだけなら、当然、どんどん前に進めます。ボールを持った状態でそれができるのが理想的です。その手本となるのがメッシや、カカ（レアルマドリー＝スペイン　ブラジル代表ＭＦ）であり、クリスティアーノ・ロナウドです。

メッシにはボールを細かくコントロールできる足元の技術があるため、ボールを持っていても、走っているときと同じような速度で運べます。そのうえ、いつでもボールに触れる場所にボールを置いているので、瞬時の対応にも優れています。したがって、彼からボールを取るには足元のボールだけを狙っていてもだめなのです。だから相手選手は体をぶつけて止めるしかないのです。ぶつけて止めるのも困難なくらいです。

〝メッシのように〟とはいかないかもしれませんが、ボールを「運ぶ」技術がもう少しあれば……と思うことはプロの試合でもあります。

よく目にするのは、ドリブルしている選手が敵に追いつかれてしまい、すぐにクルッと敵のゴールに背を向けて、ボールを下げてしまうシーンです。結局「ボールを下げれば取られないから安心」という考えなのでしょうが、確実な方法として真っ先に「後ろに下げる」のでは、サッカーが面白くなくなるのは当たり前です。もちろん、得点も期待できませんし、実は意外と危険なことでもあるのです。

マークを「外す」技術も、きちんとできている選手は少ないのではないでしょうか。日本代表チームの永遠の課題である「得点力不足」もこの技術の欠如に原因がありそうです。

引き続き、バルセロナを例に挙げてみましょう。

シャビが中盤でボールを持っているとします。メッシが前線でパスを受けようとしているのですが、背が高くて体の大きなＤＦがメッシをマークしています。メッシの体が大きければば、浮き球のパスでDFの頭の届かないすぐ背後に出せば届くかもしれませんが、彼は身長169センチと体が小さいので、浮き球のパスは有効ではありません。その代わりに、彼には速さがありますから、敵の逆さえ取れれば少し横に「外す」だけでボールを受けてゴールに向かうことができます。

そういうことがわかっていれば、出し手であるシャビのパスの質も変わってきます。メッシの最大の特徴である「速さ」を生かすようなパスを送ってあげればいいのです。

シャビにしても、ボールを失わないように敵DFの間合いを見ながら、敵DFが動いた瞬間を見計らってパスを通しています。この場合は受け手が「外す」動きを例にしましたが、出し手が「外す」こともちろん可能です。

どちらにしても共通していえるのは「敵も見ている」ということです。

しかし、どちらが「外す」にせよ、このような連携プレーを成立させるには、出し手には「止めて蹴る」技術がなければなりませんし、受け手には「止めて運ぶ、もしくは蹴る」能力が求められます。

止めて運ぶことがスムーズにできなければ、また違った「外し方」をすればいいだけのことですし、自分のレベルにあった様々な解決方法を考えることがサッカーの醍醐味でもあるのです。その醍醐味を知れば、考えることも技術を高めることも、もっと楽しくなってくると思います。

ボールは触ったぶんしか言うことを聞いてくれない

技術を習得するために、私は選手たちにいつもこう言っています。

「常に高い意識でサッカーに向かえば、ボールに触ったぶんだけうまくなる」

たとえば、小学生からサッカーを始め、1人の選手として成長するまでのおよそ10年間をどう過ごすか。その質で、技術力は大きく変わってきます。それを子どもの頃から理解したうえで、1万回ボールに触る選手と、何も考えないで同じ回数をこなしてきた選手では、雲泥の差がつくはずです。

しかし、指導者が毎日つきっきりで指導していればうまくなるかというと、一概にはそうとは言えません。子どもに常に考えさせることをしながら取り組まなければ、たとえ毎日練習させてもなかなか技術力は身につかないからです。

たとえば昨日教わったことを自分でやってみて、新たに覚えた技術を使ったほうがうまくプレーできたり、速くなったり、楽しくなったと本人が感じるのであれば、さらに自分のものにできるよう、あとは一所懸命練習すればいいだけのことです。必ずしも四六時中、指導者から指示を受ける必要はないわけです。

目指す〝結果〟に到達できるのなら、蹴り方は自由

私は選手や子どもたちに「インサイドキックはかかとで蹴る」と説明します。厳密には「かかと寄り」というのが正解なのですが、ただ、その後に「でもどこで蹴ってもいいんだぞ。私はかかとで蹴るけど、君たちはどこで蹴ってもいい。要は同じ質のボールが蹴れるかどうかだし、私より強く正確なボールが蹴れたらいいのだから」と付け加えます。

私がインサイドキックをこうして蹴る理由は、足のインサイドの真ん中で蹴るよりも、かかとの方が硬いため、強く蹴れて気持ちのいいパスが出せるからです。私と同じように感じた子どもはかかとでボールを蹴るようになります。

ちなみにこれは私が長い歳月を費やして考えた末、かかとが一番よいと判断したことです。

風間八宏の「かかとで蹴る」インサイドキックのポイント

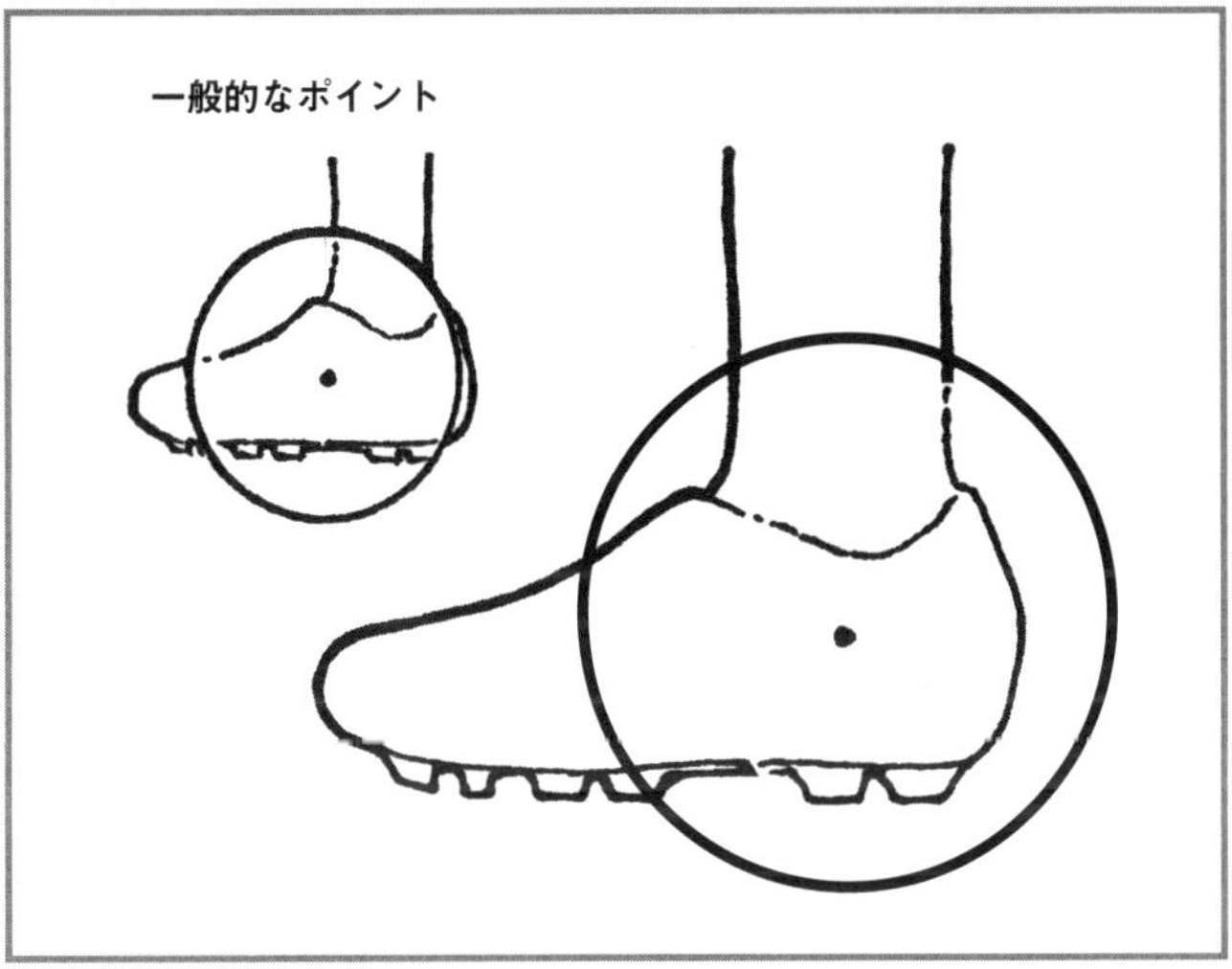

私にとって「かかとで蹴ること」は取り立てて言うまでもない当然の技術ではあるのですが、選手たちは今までそのように教わってきていないため「インサイドキックをかかとで蹴る」と言うとみんな「えっ！」と一瞬驚いて注目してくれます。

興味をもってもらうことも指導には大切なことですからこうした話を多用するのですが、ボールを足のどこに当てるかは本当に自由で構わないのです。強くて速いボールを蹴ることがポイントですから。

世界の一流選手の蹴っている部分を注意深く見るのも、参考になると思います。

研ぎ澄まされたプレーは、疲れた頃に現われる？

私が子どもの頃は、練習の始まりは決まって1時間ぐらい、基本技術の練習をさせられました。

「はいインサイドキック！」

「次はアウトサイドキック！」

「インステップキックやれ！」

とコーチに言われるだけで、具体的には何も教えてはくれませんでした。そうすると気持ちがだれて疲れてしまいます。

しかし、実は疲れてくるというのはよい面もあって、これ以上疲れるのが嫌だからと、選手は一番合理的なやり方を自分で考え出すのです。合理的なことを考えるということは、高い質の技術を見出せるということでもあります。

試合でも元気なときは走り回りますが、疲れたときはいかに体力を消耗させないかを考えるので、無駄な走りがなくなります。トレーニングでも、そういったことを考えさせるため、

YAMAHA

練習試合の前にハードに練習させ、あえて疲れたままの状態で試合にのぞませることがあります。

そうすると選手たちは合理的に動くことを考えた結果、質の高いプレーを生み出すことができてくるようになるのです。そして終了後に、

「今日のように無駄な動きを省いて試合をやったら、普段から強いはずだ」

と言うと、選手たちは納得した顔を見せるものです。

このように、最終的に質の高いプレーを考え、実践に移すのは選手自身にほかなりません。だからこそ、選手は普段から高い意識のもとで技術を身につけていくことが必要不可欠なのです。

ＯＢたちに学ぶ、正確な基本技術の重要性

日本は98年からワールドカップに出場するようになり、技術面でも大きく進歩しているように思われがちですが、私は必ずしもそうだとは考えていません。

68年のメキシコシティオリンピックで銅メダルを獲得したときのメンバーである、釜本邦

茂さんや杉山隆一さんたちがＯＢの試合をすると、いまだに基本技術が正確なことに驚かされます。釜本さんたちは、戦うために身につけておくべき当たり前の技術とは何であるかをわかっているからこそ、それを習得するためのいかなる練習も手を抜かなかったのだと思います。

ではなぜ、いまの選手や子どもたちは「止める」「蹴る」「運ぶ」「外す」という基本技術をおろそかにしてしまっているのでしょうか？　その大きな原因のひとつは、基本技術をきちんと見てあげることのできる指導者が少なくなってきたことでしょう。

指導者については第3章でも詳しく述べたいと思いますが、基本技術を教えられない指導者は当然、その重要性を伝えることもできません。そして、そんな指導者の教え子が将来、また指導者の道を選んだとして、次の世代の子どもたちに何を教えられるのか？　日本サッカーが停滞している理由も、ここに端を発していると私は思います。だからこそ、しっかりとした基本技術を今こそ身につけ、勝つという目的のもとに、どこに行っても対等に戦えるサッカー選手がたくさん生まれてきてほしいのです。

さて、次からは「止める」「蹴る」「運ぶ」「外す」のそれぞれの技術について、もう少し

ボールの性質

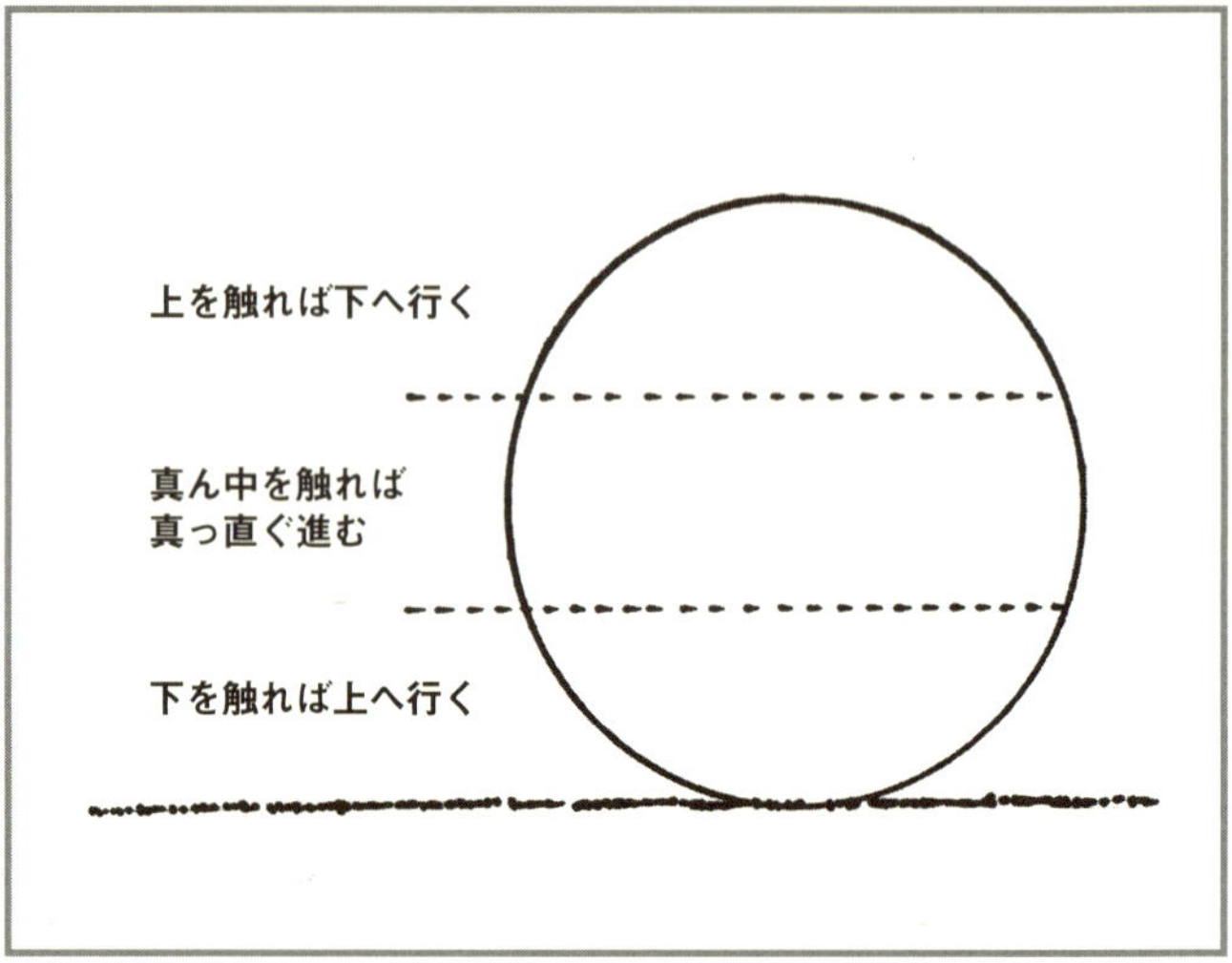
上を触れば下へ行く
真ん中を触れば
真っ直ぐ進む
下を触れば上へ行く

詳しく解説していきます。

「止める」ために、ボールの性質を知ろう

「止める」技術を身につける前に、まず「ボールがどういう性質を持っているのか」を知っておきましょう。

実際にボールに触ってみるとわかりますが、足でボールを触った位置によって、「上を触れば下へ、真ん中を触れば真っ直ぐ、下を触れば上へ」と軌道が変わります。

ボールのどこを触れば、どういう性質をもたらすのかがわかれば、トップスピードの状態でも正確にボールを止めることができるようになります。もし正確に止められなかったら、それ

足の特徴

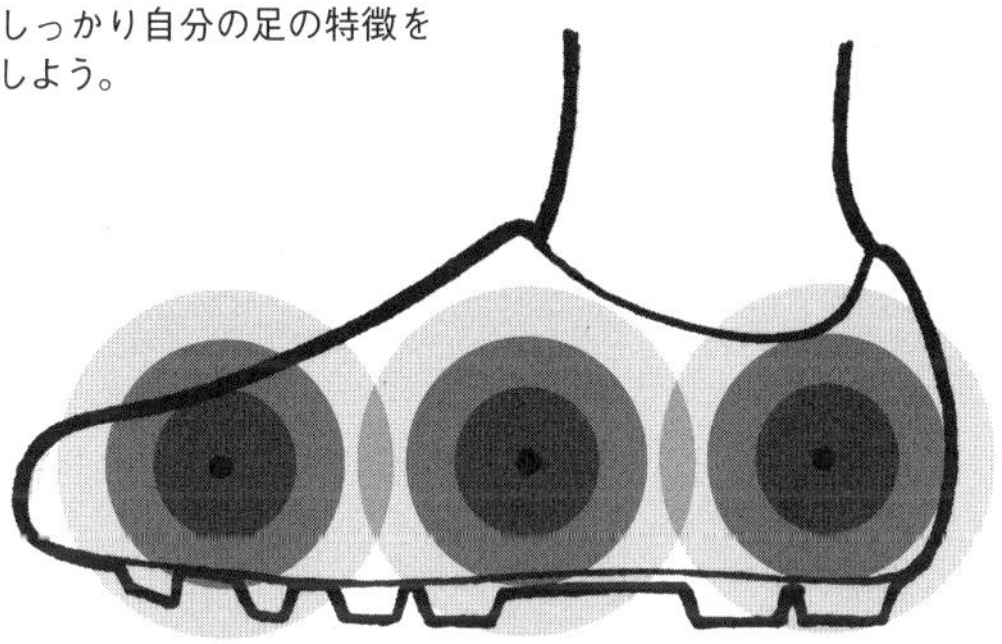
どこのポイントにどう当てたらボールはどうなるのか。体に覚え込ませるぐらいボールに触って、しっかり自分の足の特徴を確認しよう。

はボールの性質を理解していなかったり、変なクセがついてしまっているのかもしれません。

ちなみに私の場合は、止めるときは足全体ではなく、足の親指を基準に考えます。親指でどうやってボールを触ったら勢いを失わせて止めることができるのか、足の当てる場所と、ボールの性質を考えながら、自分の止め方を見つけていきました。

止め方は人それぞれ自由です。親指の内側なのか、もう少し真ん中よりなのか。かかとで止める選手はあまりいないと思いますが、どこのポイントで触ればボールが止まるのか。これを自分の中で整理して覚えておくとよいでしょう。

ポイントは2つです。ボールの性質と自分の

風間八宏の「自分の位置」

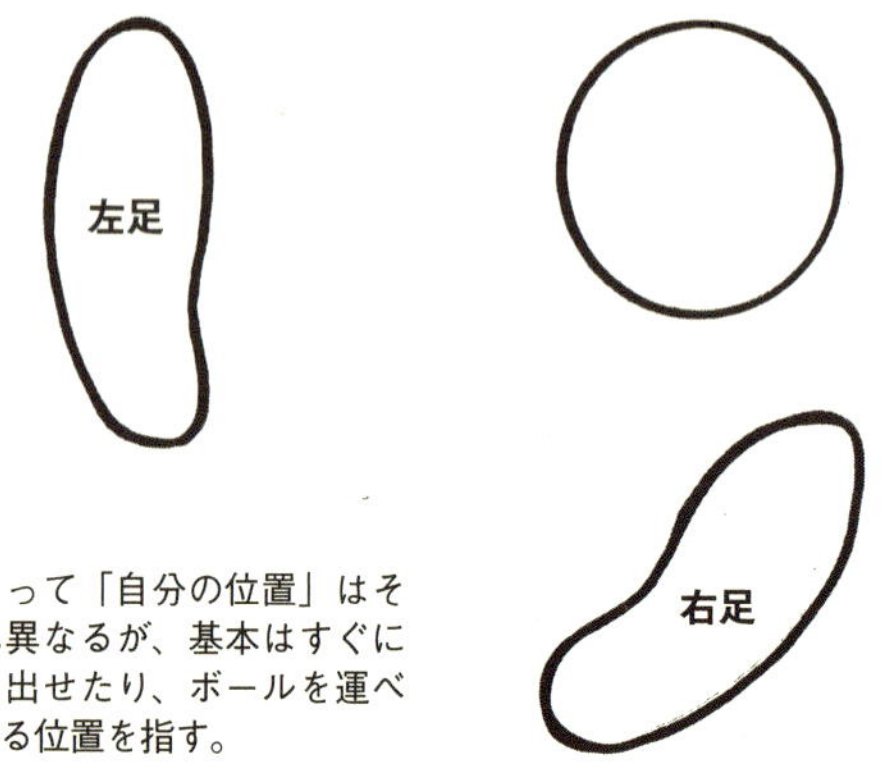

人によって「自分の位置」はそれぞれ異なるが、基本はすぐにパスを出せたり、ボールを運べたりする位置を指す。

足の特徴。

これがボールと自分の関係だけでいうと一番重要なことです。たくさんボールに触って自分の形を見つけてみましょう。

では、「止める」ための練習方法を紹介しましょう。トレーニングには、大きく分けて4つあります。

「止まった状態で、止める」

「動きながら、止める」

「様々な方向・角度から来るボールを、止める」

「空中にあるボールを止める」

基本的には、どの足の位置で、どういうボールの性質なのかがわかっていれば、止め方は同じです。それが理解できれば、次に意識してほ

ボールを置く位置＜悪い例＞

①

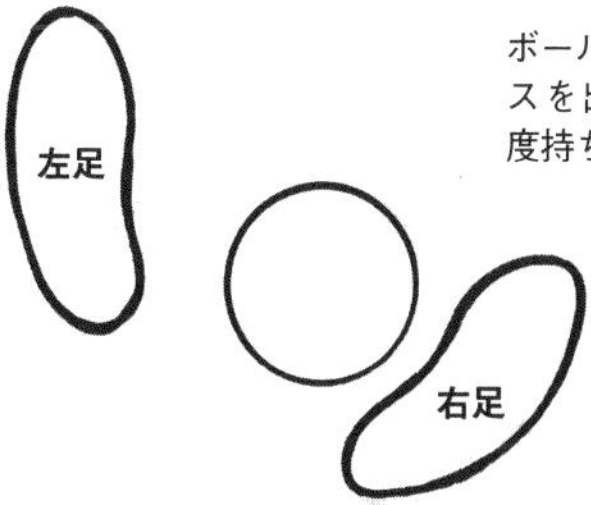

ボールが近すぎるため、パスを出すにしてももう一度持ち直すしかない。

②

これでは、左足のアウトサイドでしかボールを出せない。

③

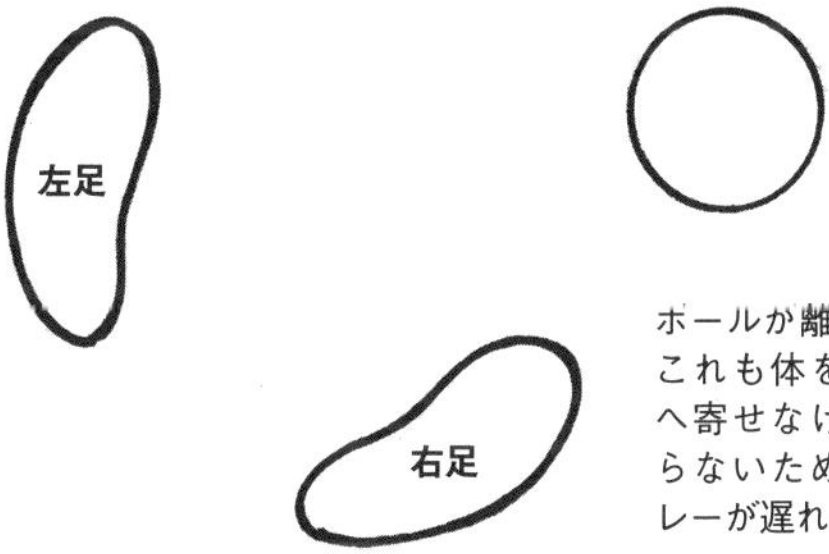

ボールが離れすぎ。これも体をボールへ寄せなければならないため次のプレーが遅れる。

「自分の位置」にピタッと止めることは、その後のプレーへの時間短縮につながる。ほんのちょっとしたボールの置き方の違いだが、悪い例のような位置では再度ボールを持ち直したりプレーの選択肢が狭まるなど、結果的にプレーが遅くなってしまう。

しいのは、「ボールを置く位置」です。

ボールを止めるときに、どこに置くと自分が一番蹴りやすいのか、どこに置いたら適切に次のプレーに移れるのか、それが「自分の位置」です。適切に蹴る位置は人によって違いますが、私の場合は76頁のイラストのように左足の真横で、右足の前にボールを置いています。ここの位置にボールを置いておけば、動くこともパスをすることも選択できます。また、敵が取りに来ても、一歩下がれば自分の間合いで対応もできます。この位置さえ守っていれば、あまり敵のプレッシャーを感じることもありません。ですからこれを正確に体で覚えておけば、自信を持ってプレーできるようになるのです。

このような位置を見つけることができたら、プレーは今よりも格段に速くなると思います。

実際にやってみましょう。

2人組みでパス交換をしながら、正確に自分がボールを1回で蹴れる位置に置いてみます。止めてから「イチ、ニ」で蹴ってしまっていたら、正確に置けていない証拠です。止めた後、「イチ」で蹴ることができる位置に止められるように、しっかりと意識しながら続けてみましょう。

37
JOYFUL
HONDA
42

蹴るときに必ず一歩下がる癖がついてしまっているプロ選手もたくさんいます。おそらくボールを敵に取られることを恐れ、少し足元に置きたがるのでしょうが、これは大きなタイムロスにつながります。そういう選手はだいたい77頁のイラストの①ような場所に置きます。そうして「イチ・ニ・サン」と。これでは蹴れているとは言いがたいですよね。これではいつまでたっても「止める」位置も見つかりません。

自分だけのベストな「位置」がある

私が〝自分の位置を見つけなければならない〟と強く感じたのは、日本代表の中盤で起用されていた18歳の頃です。そのときにネルソン吉村（日本に帰化し、吉村大志郎に改名・03年没）という日系ブラジル人の選手に気づかされたのです。

ネルソンはボールのどこに親指を当てると、ボールがどうなるのか？　などと蹴り方をずっと説明してくれていたのですが、そのことよりも私が注目したのは、ネルソンはどんなボールが来ても同じ位置に1回で止める、ということでした。「うまいな～」と思って見ていたのですが、ふと、自分はどうなのだろうかと意識してみると、止めた後、もう一回ボールを触らなければ「蹴る」ことのできない位置に置いているということに気づきました。「蹴る」のに余計な時間がかかっているわけです。

では一番蹴れる場所はどこだろう、と考えたのですが、そのときはわかりませんでした。それでひたすらボールを蹴る練習から始めました。「止める」ために「蹴る」練習から始めるというのはおかしい、と思われるかもしれませんが、相当に意識して蹴りつづけないと、「止める」位置は見つけられないものです。これはもう反復しかありません。人を真似たりしながら自分で見つけるしかないのです。

ドイツでプロになってからも、ドイツの選手たちがみんな強烈なキックを習得していたのには、驚かされました。私が渾身の力を込めて最高のシュートを打っても、軽くゴールキーパーに止められてしまうのです。コーチもすぐにそれに気づいたようで、壁に向かってボールを蹴る練習をするよう命じてきました。コーチが最初に蹴り方を見せてくれるのですが、威力があり正確で、何度蹴っても同じ場所に返ってきます。

それからは自分で考え、ボールをしっかり見て、足のどこに当たると、どういうふうにボールが返ってくるのかを試しながら、ひたすら壁に向かって練習していました。それでようやく強いボールが蹴れるようになり、同時に「蹴る」ために、正確に「止める」位置がわかるようになったのです。

蹴ったぶんだけうまくなるのがサッカーです。「特別な練習はやっていない」という人でも、うまい人はサッカーが好きだから練習を練習だとも思わないだけで、本当は誰でも反復して何度も練習しています。

私も小学生の頃も蹴ってばかりいました。昼間からずっとサッカーをやりつづけ、夜7時いったん帰宅し、そしてまたすぐに近所の神社で9時までひたすら蹴っていました。それで再び家に帰って寝て、次の日早朝からまたサッカー。やっぱり「蹴る」回数は他の人より多かったと思います。

たしかに今は、10歳前後に最も力が伸びるとする「ゴールデンエイジ」などに注目した考え方もありますが、年齢を意識するより、やはりひたすら時間をかけてボールに触りつづけることが上達への近道だと思います。

大学生になってからでもうまくなる選手はたくさんいます。うまくならなかったのは、時間を費やしていなかっただけであり、意識して蹴り続ければ自然とうまくなっていくものです。

もし自分の「止める」位置、「蹴れる」位置を見つけられない選手がいるとしたら、それはおそらく、本気で探していないか、探そうとしてもすぐにあきらめてしまったりしているからではないでしょうか。

「止める」と「蹴る」は相乗効果で伸びていく

サッカーを始めた頃は「蹴る」から「止める」になるのですが、少しできるようになってくるといつのまにか、止められないと蹴れなくなってきます。

たとえば試合中、Aという選手がBという選手にパスを出します。Bが「止めた」と思って、Aがさらに動くとします。しかしBが止められていなかったら、Aのタイミングは狂ってしまいます。「なにやってんだ。ちゃんと止めろ！」とAやチームメイトに言われるわけです。でもこれはAが「蹴れる」からであって、つまり「止める」と「蹴る」は交互に伸びていくものなのです。

今はAのほうが技術が正確で速いとしたら、それを受けるBも、もっと正確で速くならな

「止める」「蹴る」技術の上昇

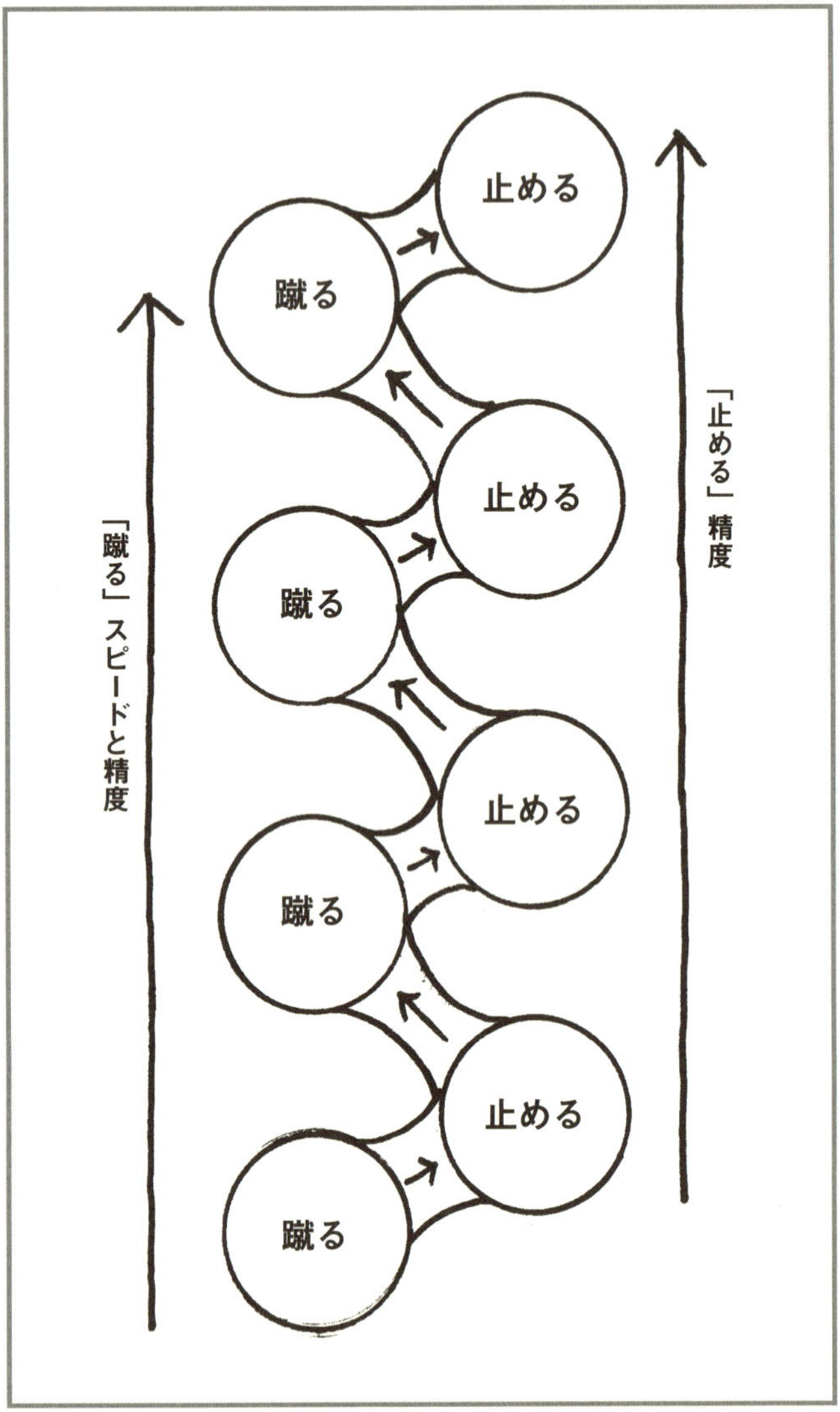

止める
蹴る
止める
蹴る
止める
蹴る
止める
蹴る
「止める」精度
「蹴る」スピードと精度

いとチームになりません。ですから、どんどん切磋琢磨して伸びていくようになるのです。そうするとこの「止める」「蹴る」という技術はセットでどんどん高いレベルへ上がっていくはずです。そうやってみんなうまくなっていくのです。

立ち足を柔らかく使ってボールを正確に「止める」

「止める」技術において、ボールの触り方は説明しましたが、同じように覚えていてほしいのは、体の使い方です。

立ち足（ボールを蹴らない方の足）が棒のように真っ直ぐになったまま止めようとしても、弾いてしまうだけですが、立ち足を柔らかくすれば体全体がクッションのような緩衝剤になり、柔らかくボールを止めることができます。

うまい人を注意深く見るとわかりますが、本当に体を使ってうまく止めています。こういうこともきちんと突き詰めていかなければなりません。止めた足だけしか見えていなかったら、どれだけ練習を繰り返しても上達はままならないでしょう。立ち足の重要性がわかっていない選手は、いつまでもたってもうまくいかないはずです。

立ち足の使い方を覚えれば、どんどん応用ができるようになります。

走りながらボールを止めるときに、逆サイドに流そうとしたら、足首だけだとボールが跳ねてしまう可能性があります。そのときには、体ごと流してやれば、ボールも体もついていきます。

空中のボールを足元で止めるときにも、止める足は触るだけですが、体全体が柔らかければ、すんなりとボールを止めることが可能です。

トップスピードや空中のボールを止めるのは難しいかもしれませんが、基本はすべていっしょです。練習を積み重ねていけば、できるようになるはずです。

試合を見ていても、「この選手がきちんと止められればな」と思う場面は、1試合のうちに何回もあります。きちんと止めていれば、フリーになれるし、1対1で勝負できるのにと、歯がゆくもなります。それはどのレベル、カテゴリーでも技術はどんどん高めていかなければならないということですし、みんなで切磋琢磨して、ある程度上のレベルに来たといっても、チーム内に1人でも技術が劣った選手がいれば、その選手はそのチームでプレーするのが難しくなっていくのです。ですから「止める」「蹴る」が遅ければ「チームが遅い」に直

「止める」ための体の使い方＜良い例＞と＜悪い例＞

＜良い例＞

立ち足の膝に注目。体全体をクッションとして使えるため、速いボールにもしっかり対応できる。さらに体全体で反応するため、ボールを受けられる範囲も必然的に広がる。

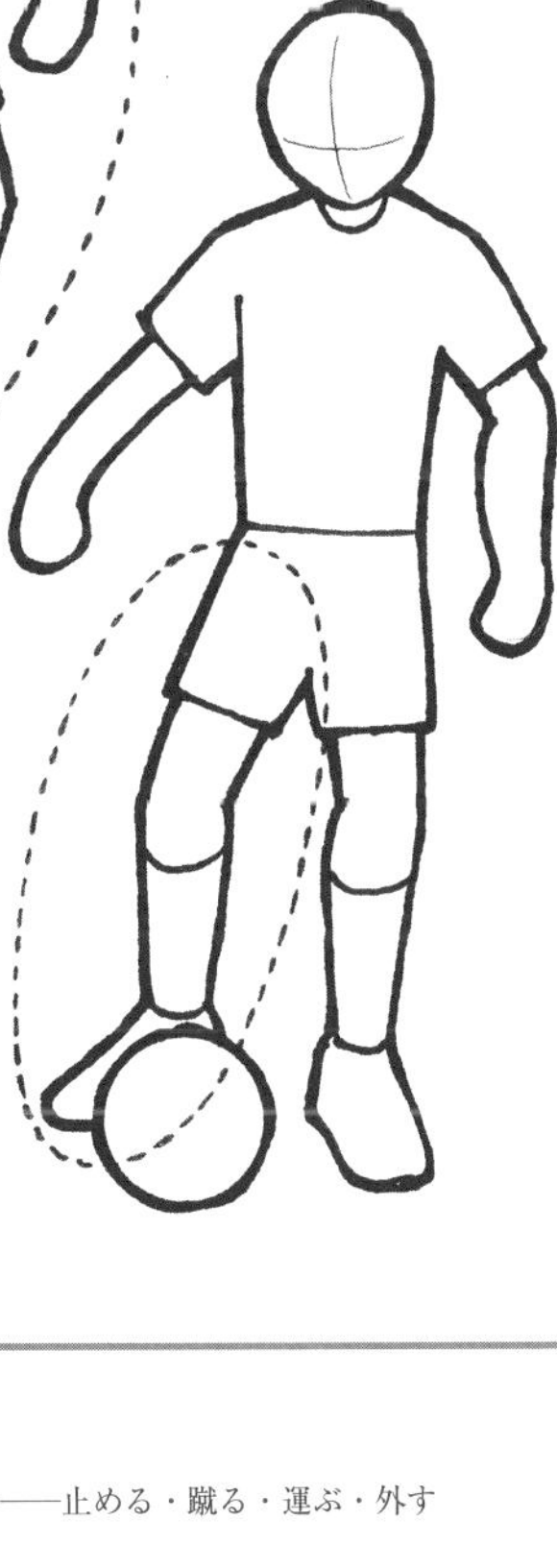

＜悪い例＞

立ち足が伸びているため、足1本だけのクッションで止めることになってしまう。そのため強いボールは止めにくくなり、軸足が突っ立っているためにボールを受けられる範囲も狭くなる。

結します。

さて、「止める」練習方法ですが、結論を言えば「反復がすべて」です。ただ「立ち足はこうで、浮いてるボールはこう止める」と小手先の技術のみに狭めて考えると行き詰まってしまいます。

「止める技術が正確であれば、自分やチームにこれだけのメリットをもたらすことができる」、あるいは「こんなにチームの速度がアップする」などと常に先を見据えた意識で取り組めば、さらに強く進歩していけるはずです。

「置く場所」がバラつくとサッカーは遅くなる

ボールをきちんと「止める」技術があるように見える選手は多いかもしれませんが、ただ「ボールが止められている」のと、「止めたうえに（そこから次のプレーは）何でもできる」状態にボールが置けているのとではまったく異なります。

「何でもできる」というのは、ボールを止めた選手がその位置から50メートルの距離も蹴ることができ、ドリブルも可能で、なおかつ敵にも取られない、という意味です。

SHIMIZU
BANK

プロ選手でも、止めることはできても、そこから50メートルのボールを蹴るにはもう1回ボールを触って、蹴れる位置に置き直すことがあります。それではプレーの速度は当然、遅くなってしまいます。

これは端的に言ってしまえば、自分の「置く場所」が理解できていないのです。キックがうまいと言われている、世界の一流選手たちは、ボールを「止めて、蹴る」ときはどんな場面でも、置く位置は常に同じです。あとは何が違うかといったら、足の当てる場所が違うだけで、蹴るフォームもほとんどいっしょです。

日本の多くの選手はアウトサイドキック、インサイドキック、インステップキック、インフロントキックと、全部ボールを置く場所が違います。

ですから、ボールを止めた位置が固定された時点で、選択できるキックは限られてしまっているし、敵にも読まれてしまいがちです。別のキックに変えようとしたら、「置く位置」を変えなければなりませんから、時間もかかってしまいます。

これが、いわゆる「サッカーが遅い」という言葉で表現される状態です。

足の速さだけなら、メッシやドログバより速い選手はたくさんいると思います。しかし、彼らより速い「サッカー選手」はそんなに多くはいません。その違いを生み出すのが、先に述べたような基本技術であり、プレーの正確性なのです。

強く速く、生きたボールを「蹴る」ということ

「止める」ためには、「蹴る」技術が求められるということはすでに述べました。ここでは「蹴る」技術についてもう少し話を進めていきましょう。

サッカーにおいて「蹴る」とは、強く、速く、生きたボールを蹴ることを指します。「生きたボール」とは「意思のあるボール」と置き換えてもいいかもしれません。

私は先に「インサイドキックはかかとで蹴る」という話をしました。足のサイドの中でかかとは一番硬いので、強いボールが蹴れるわけです。ただ、それは人によってどこで蹴ってもよく、要はどれだけよいボールを蹴っているか。さらに言えば、回転が素直かどうか、ということです。

インサイドキックを蹴るとき『素直に回転しているボール』をみなさんは意識してみたことがありますか？

たとえば、ボールの上を蹴ればボールは足を離れた直後から縦回転を始めます。下を蹴ればボールは浮きます。中心を蹴ったときはどうでしょう。最初は回転しないまま真っ直ぐ進み、途中から摩擦で縦に回転します。これが本当のインサイドキックです。

ボールが飛んでいく方向も重要です。立ち足が右を向いていたらボールは右へ、左を向いていたら左にいきます。当たり前のことを言っていますが、意外に立ち足のことを考えずに蹴っている選手は多いのです。

また、日本の選手は、ボールを高く遠くに蹴ろうとすると、ボールの下に足を入れてしまいます。決して間違いではないのですが、それではボールに回転がついてしまい、そのぶんだけボールの速度が落ちてしまいます。

私が指導するときには、少し難しいかもしれませんが、94頁のイラストのようにボールの芯を叩いて、角度を変えることによって、回転せずに飛ぶボールを蹴るように教えています。そうすれば、強く、速く、生きたボールを蹴れるようになり、キックの正確性が格段に上がります。

練習といってもこれといったものはありません。どんな練習でも構わないので、

ボールの「回転」を知ろう

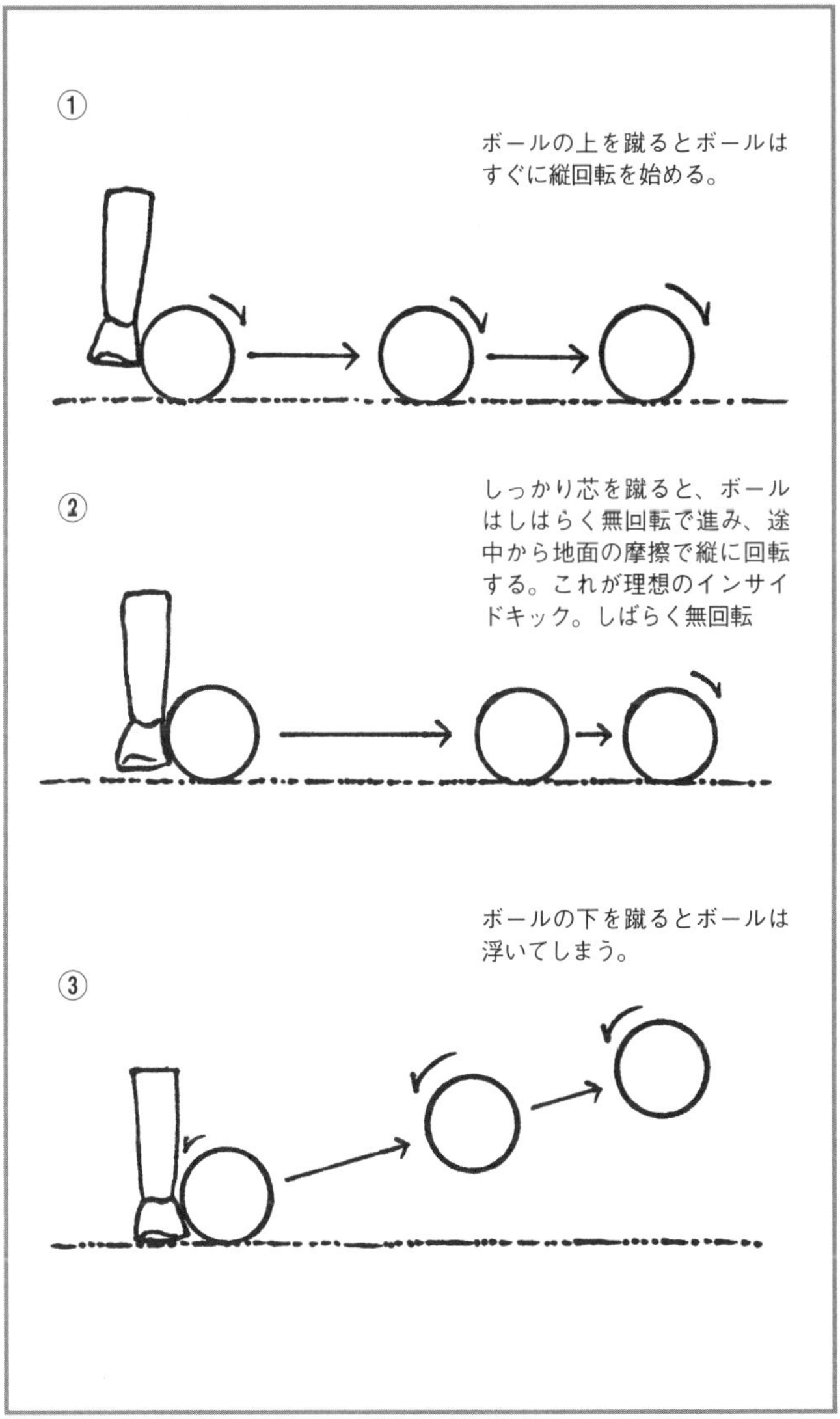
①
ボールの上を蹴るとボールはすぐに縦回転を始める。
②
しっかり芯を蹴ると、ボールはしばらく無回転で進み、途中から地面の摩擦で縦に回転する。これが理想のインサイドキック。しばらく無回転
③
ボールの下を蹴るとボールは浮いてしまう。

インサイドキックで遠くに飛ばす蹴り方

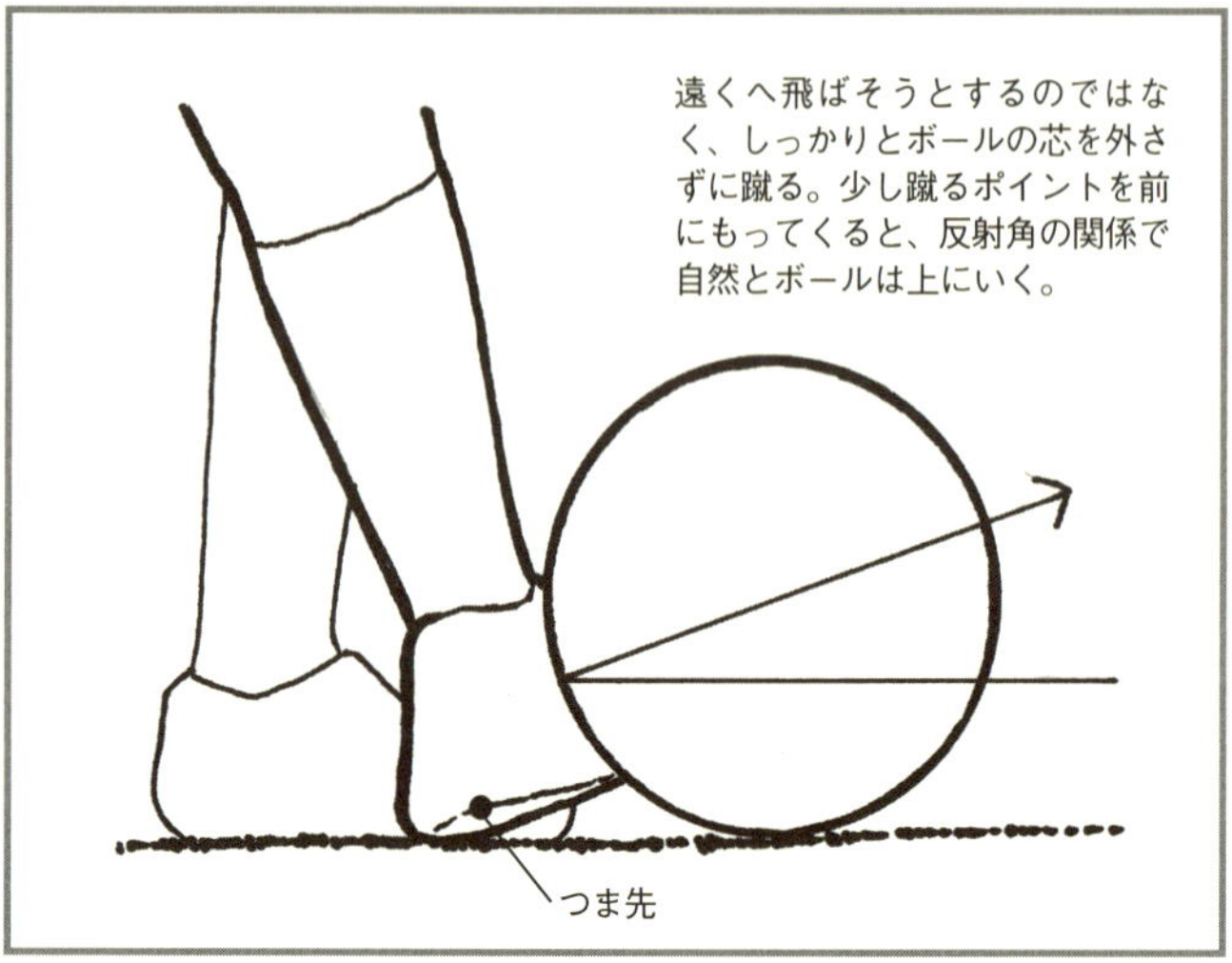
遠くへ飛ばそうとするのではなく、しっかりとボールの芯を外さずに蹴る。少し蹴るポイントを前にもってくると、反射角の関係で自然とボールは上にいく。
つま先

「ボールは真っ直ぐいっているのか」
「ボールはきちんと回転しているのか」
「思い通りの場所に蹴れているのか」
「思い通りの速さで蹴れているのか」

これらを、きちんと意識して、ボールを蹴る練習をしましょう。前に書いた「止める」と比べると、「蹴る」ときは生きたボールを蹴らないといけない。逆に「止める」ときはボールを殺さないとなりません。

同じ足を使っても、真逆の性質のことをするわけです。

強く速いインサイドキックができれば、ボールのスピードに違いが出てきます。インサイドキックで40メートルの距離を飛んでいる間に、

インフロントキックなら38メートルくらいの位置でしょう。この2メートルの差は大きく、到達するポイントが同じでも、過程が違いますから、次のプレーも変わってきます。

このことを頭ではなく、体で覚えられるようになってください。

私の場合は、こうしてお話しするために言葉で説明していますが、選手なら無理に理屈で考えたりする必要はありません。「あの位置までこの速さで蹴ればいいのか」と感覚で判断できていればそれでいいのです。

指導時には、「こうやって蹴れ」と強要する必要はありません。指導者と選手は違うので、何が正解なのかは、選手が自分で見つけるしかないのです。

ですから、「こういう結果を出してみなさい」という教え方で、自分で考えられるように持っていくとよいと思います。

インサイドキックの基本技術がしっかりしていれば、それだけでプロでも通用する立派な武器になるかもしれません。実際に世界の一流選手たちは武器として使いこなしています。日本の選手と比べると、彼らは、ゴルフでいうとパター（転がすことを目的としたクラブ）で日本の選手のドライバー（飛距離を出すクラブ）と同じ距離を、同じ強さで出せるのです。

パターとドライバー<キックの違いのイメージ>

同じ距離を蹴るなら、大きなパター（セーションが小さく鋭いボールが蹴れる）のほうがよいはず。

キックのときに大きなモーションも必要ないので、敵に次の展開を読まれにくいという大きなメリットもあります。さきほど説明した2メートルの差によって速いサッカーを展開できるのです。

そしてどんな選手でも、フィールドプレーヤーであれば一番多く使うのはインサイドキックです。ですから基本技術としてまずはインサイドキックをしっかり蹴れるようになれば、インステップキックも、アウトサイドキックも、インフロントキックもきちんとできるようになる可能性も高いです。

「蹴る」という技術は、それほど簡単なことではありません。ですからやはりたくさん蹴るしかないのです。「ボールをよく見ろ、ボールをよく見ろ」と言いますが、蹴るときにじっくり時間をかけて見られるわけではありません。

自分の体がこうなったときは足のここに当たる、ということが感覚としてわかっていなければなりません。

「ボールが見えている」というのは、本来そういうことなのです。

果たして「発想」が先か「技術」が先か？

基本技術がきちんと身についている選手は、さらにプレーに磨きをかけるべく、様々なアイデアが沸き、それを実際に試してみたりするものです。技術がなければ発想は生まれませんし、発想がなければ技術も高まらないのです。ですがどちらを先に身につけたほうがよいかといえば、やはり「技術」ではないでしょうか。

頭の中での「発想」だけで、「技術」がないところには何も起こらないからです。だからたとえば、前にも述べたように、私にはオーバーヘッドキックという発想はありません。それをやる技術がなかったからです。私がやるとケガをする可能性が高いですし……。

ただ一度だけ、大事な試合でオーバーヘッドキックを試みたことがあります。これに勝てば昇格できる、という試合で、ちょうどいい高さにボールがきてしまって、仕方がないので、思い切って飛んでみたのです。するとキーパーもディフェンダーもみんなつられて飛んでしまいました。

もちろん私はオーバーヘッドキックなんてできませんから見事に空振りです。落ちた足に自分でもビックリするぐらい「ピタッ」とボールが止まって、後ろから走り込んできたチームメイトがシュート。キーパーは体勢を崩してますから、簡単にゴールを決めていました。

試合後、

「びっくりしましたよ、風間さんがオーバーヘッドなんてやったから！」

「なんかいいところにきちゃったからな」

「結果的にはナイスアシストですよね。さすが風間さん！」

結果オーライなのですが、発想があっても技術がなければ戦えないのだと、つくづく感じた出来事でした。

チームで１個の決まりごとを作る

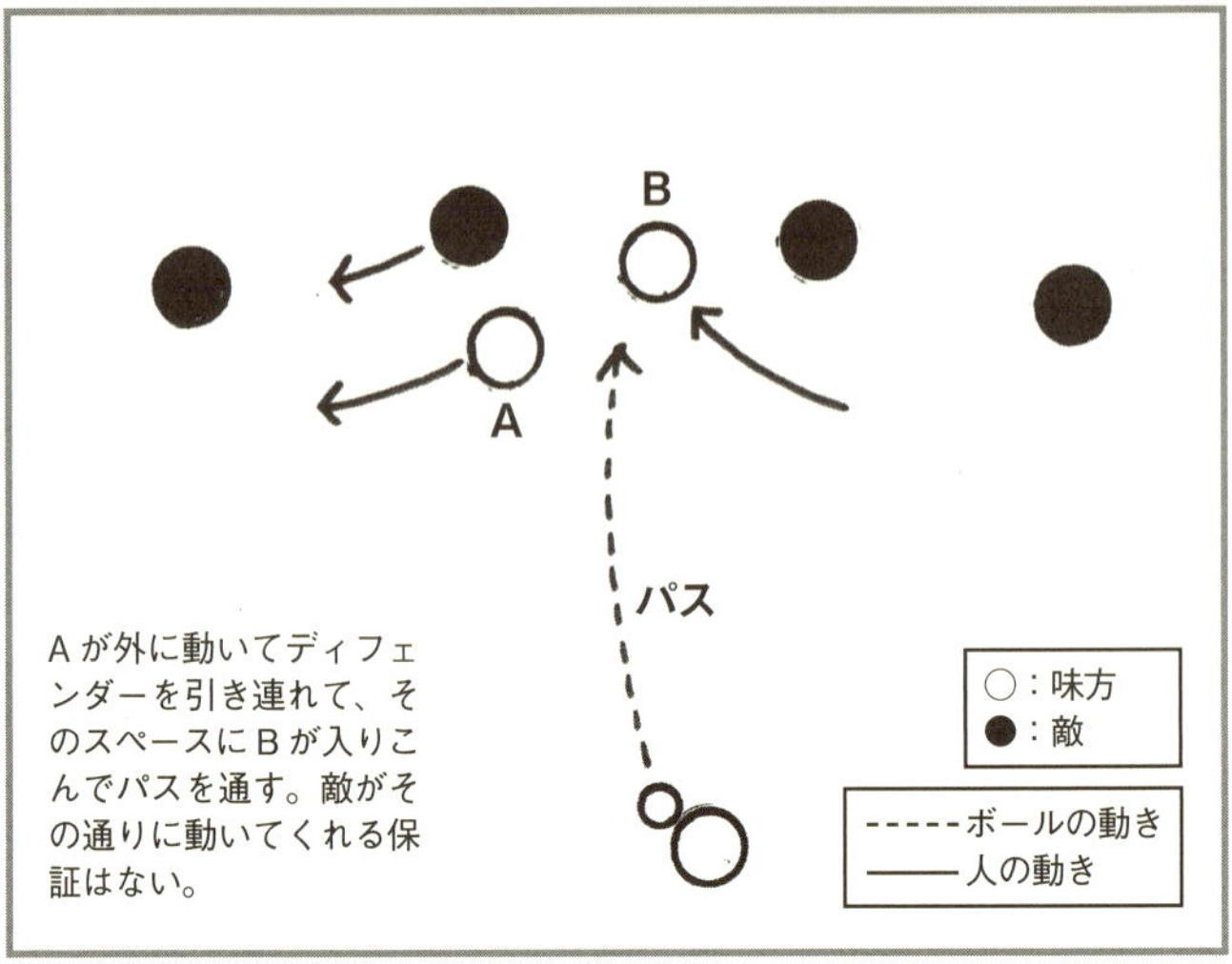

Aが外に動いてディフェンダーを引き連れて、そのスペースにBが入りこんでパスを通す。敵がその通りに動いてくれる保証はない。

「一番いい敵」はどこにいるかを探してみよう

「止める」「蹴る」が少しずつできるようになると、サッカーは簡単になるかといったら、そうでもありません。むしろどんどん難しくなります。なぜでしょう？

答えは簡単。やりたいこと、できることの選択肢が増えてくるからです。

そのやりたいことが増えてくると、重要になってくるのは、「判断力」です。

プレーの幅が増えて、3、4個の選択肢を持っても、その瞬間には絶対に1個しか選べないので、適切な「判断」が重要になってくるのです。

決まりごとがなく個人で考え、それぞれにゴールを狙う

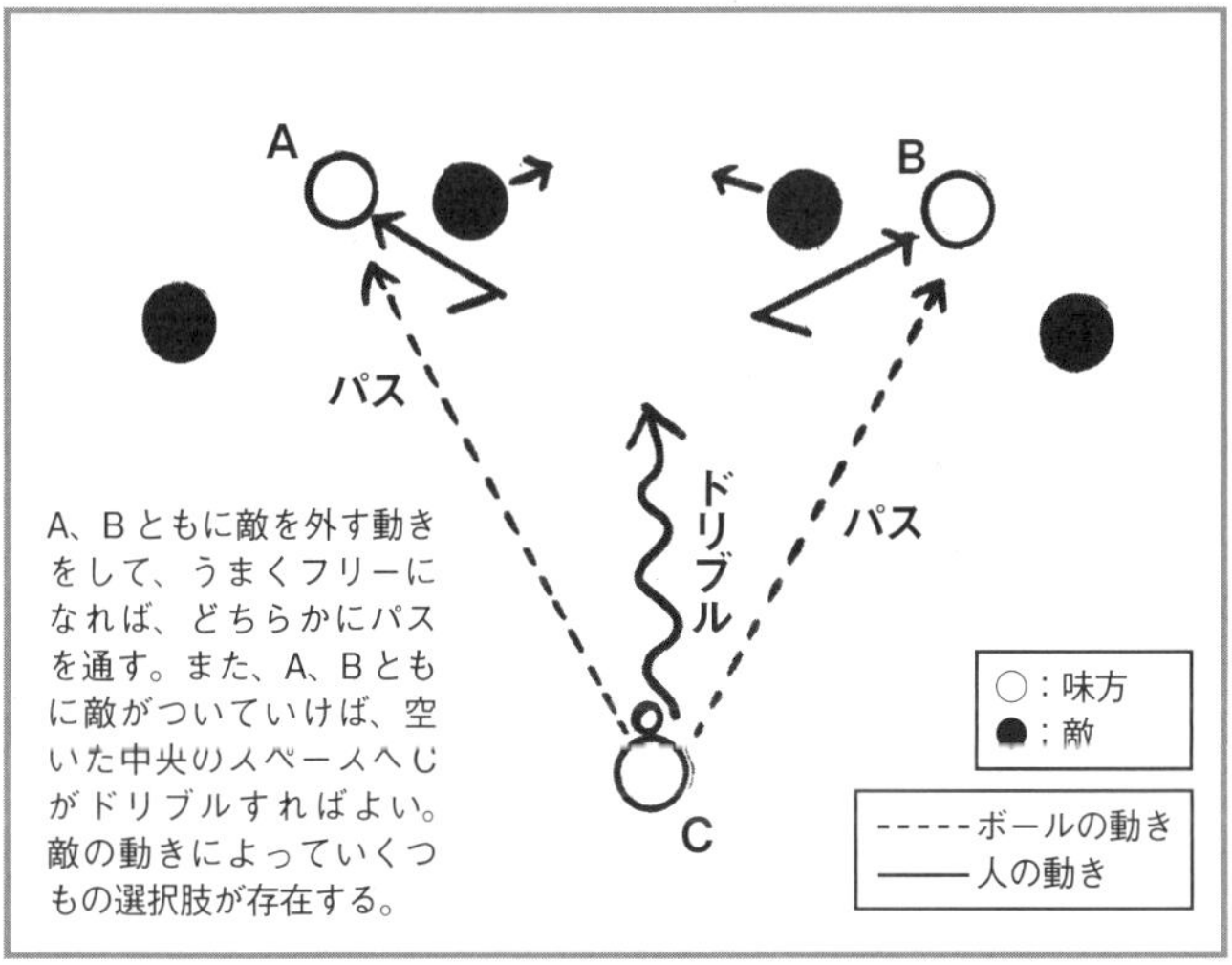
A
B
パス
ドリブル
パス
C
A、Bともに敵を外す動きをして、うまくフリーになれば、どちらかにパスを通す。また、A、Bともに敵がついていけば、空いた中央のスペースへCがドリブルすればよい。敵の動きによっていくつもの選択肢が存在する。
○：味方
●；敵
-----ボールの動き
——人の動き

日本サッカーの場合は、中学や高校、大学といったカテゴリーを問わず、はじめから選択肢が1個しかないという選手が多いのが現状です。技術が足りないことも大きな理由ですが、

「中盤の選手がここでボールを持ったら、センターフォワードがこう動くから、そしたらもうひとりのフォワードはこう動いて、ここに当てるか、こっちに動いてサポートしなさい」

と、選手の技術にかかわらず、最初からチームの約束事として1個を決めてしまっているケースもあります。そうしないと「1個も見えていない人」がプレーできないからなのですが、果たしてこれはよいことなのでしょうか。

私は、チームとして1個の決まりごとをつく

るのではなく、敵の見方を教えています。これは「外す」という基本技術に当たり、味方がボールを持ったときに、味方だけではなく、敵も見なさい、ということなのです。

ですから、敵が動いたことが合図になります。

たとえば、敵が４人いて、味方が２人の場合は、味方の選手が２人とも敵から離れます。どちらにパスを出すかは、ボールを持っている選手が決めることで、パスを出さずに自分で運んでもまったく問題ありません。

重要なことは、そのときに一番いい状態の味方を見ることもそうですが「一番いい敵」を見つけなさい、ということなのです。「一番いい敵」というのは、重心がどちらかの足に完全に乗っていたり、誰にマークにつけばよいのか混乱していたり、「僕は無理ですよ」という合図を出している敵のことです。そうすると「ゴールを奪う」という目的さえしっかり持っていれば、最良の判断がくだせるようになるのです。

ですが味方だけを見てサッカーしているとしたら、敵がしっかり味方についていったとしても、味方が裏に抜けようとしてるからといって、ポーンとパスを出してしまうでしょうし、実際、そういう判断をする選手はとても多いのです。

判断材料としては、敵の4人の選手の中で、その判断・選択をされたら一番嫌がる選手を見るとよいでしょう。そうすれば最良の判断ができるはずです。

「スペース」より、敵を「外した」味方を見逃さない

「マークがついていたら、パスを出すコースがない」という言葉が、サッカーの世界では毎日のように飛び交っていますが、私はこれにも少し疑問を持っています。

むしろマークがついていたら、フリー（マークを外せる）になれるチャンスなのです。

試合中に完全にフリーの味方を探したり、大きなスペースに向けてボールを蹴って味方を走らせるというやり方では、サッカーの速度は上がってきません。

スペースに出すことは決して悪いことではないのですが、スペースという、敵がいないところを探してサッカーをするから、ゴールに近づけば近づくほど、できる選択肢がせばまってしまうのです。空いた場所、空いた場所、また空いた場所、と探していっても、結局ゴールは中央にしかないわけですし、ゴール前にはディフェンダーがいて広いスペースはないわけですから、サイドか後ろかに行きつくしかなくなってくるのは当然のなりゆきです。

足元に速いパスを出す

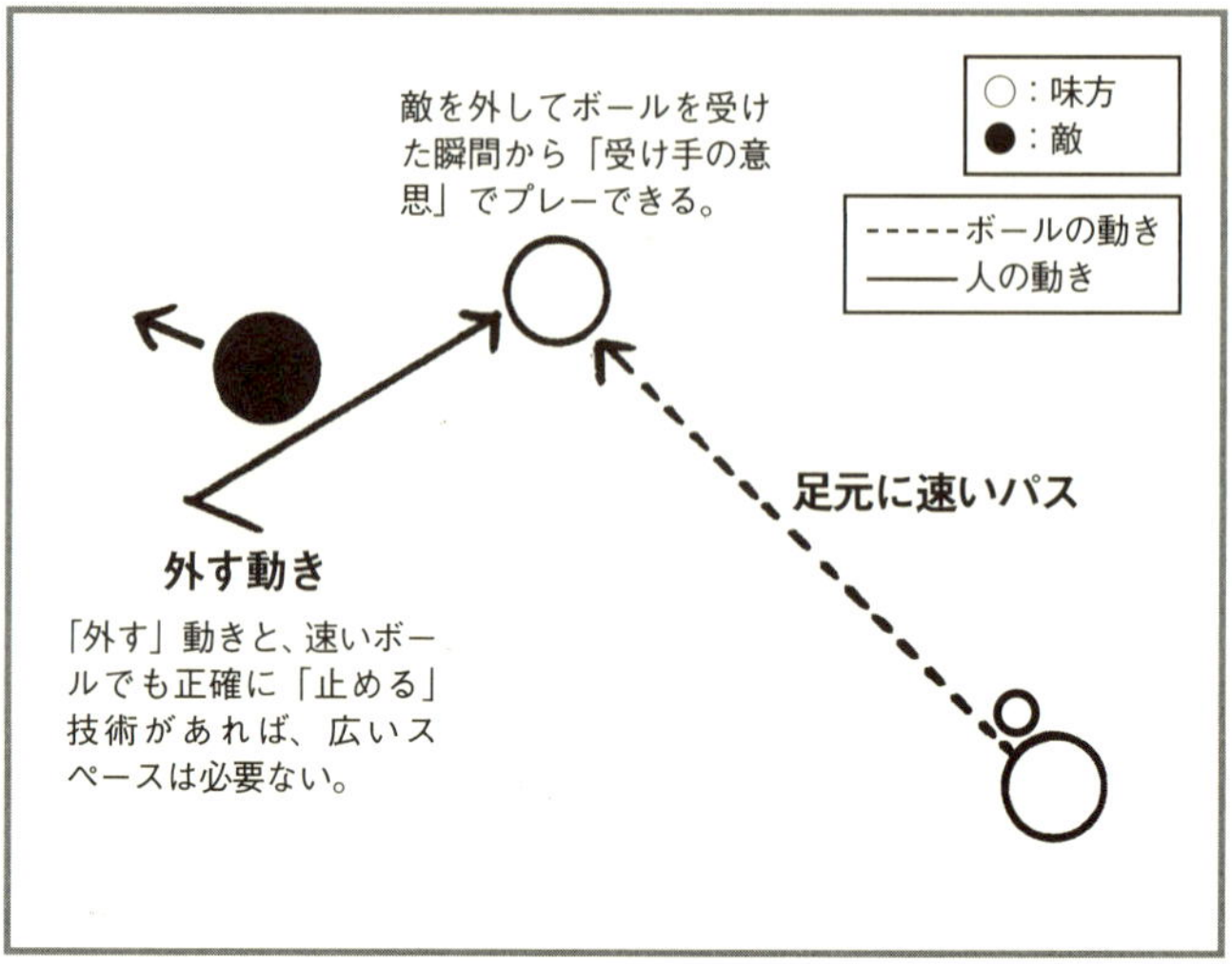

○：味方
●：敵
------ボールの動き
――人の動き
敵を外してボールを受けた瞬間から「受け手の意思」でプレーできる。
足元に速いパス
外す動き
「外す」動きと、速いボールでも正確に「止める」技術があれば、広いスペースは必要ない。

それに、こうしたサッカーをやっていても、絶対にパススピードは速くなりません。

味方が走り込むところに、味方の走っているスピードで追いつけるように蹴らないといけないとなると、パスの出し手は少なからず加減します。ということは、その人が蹴れる最速のパススピードよりは当然遅い、ということになります。

ですが、たった1メートルでも味方が敵を「外した」とするならば、その外した味方の足元にスポーンと全力の速いボールを入れてあげたらどうでしょう。そちらのほうが格段に速いですし、ゴール前の密集地でもパスを入れることができるのです。

ここで大事なのは、パスの出し手の正確な「蹴る」技術と受け手の正確な「止める」技術です。パスが1メートルもぶれてはいけませんし、速いボールをピタッと止められなければなりません。

スペースを探すサッカーより、非常に高いレベルの技術が必要になりますが、こちらのほうが明らかに速く、面白く、敵からすると〝怖い〟サッカーと言えるでしょう。

何度も言いますが、スペースにパスを出してしまうということが絶対に悪いというわけではありません。

ですがたとえば、敵を外して足元で受けた場合、その瞬間から次のプレーはこのパスを受けた選手の意思ということになり、なんでもできる状態になります。しかし、スペースに出してしまうと、このボールに追いつく間はずっと、出し手の意思のもとでボールが動いている、ということになります。受け手はボールに追いつく間、何もしようがないわけですから。

自ら「フィジカル勝負」をしかけてしまう?

こうして見ていくと、正確な技術が伴わないサッカーには、様々なところにタイムロスが生まれてしまうことがおわかりだと思います。

チャンピオンズリーグに出てくるような強いチームを見ると、本当にスピードが速いです。日本の選手は、別に動いてないわけでも、遅いわけでもないのですが、技術の正確性がまだ少し足りないように感じます。

もしかしたら、これは「速さ」に対する個人個人の認識の違いかもしれません。

今までこの本でお話ししてきた技術というものを見直してみるだけで、Jリーグももちろんのこと、大学サッカーも高校も、中学でも、まだまだサッカーは速くなるでしょう。

しかし、先ほど述べたような大きいスペースを探すようなサッカーをやっている間は、どうしたってかけっこの競争になりますし、最終的には体のぶつかりあいになります。そうなると、日本の選手が常々「一番の弱点」といっている、フィジカルの勝負にならざるをえません。

「敵を外して足元に速いパスを出す」というサッカーはフィジカル勝負になりにくいものです。スペース探しではなく「敵を外して、足元にパス」を繰り返していれば、受け手に自分の最速のパスが出せますから、速いパスまわしができます。そうすれば敵は簡単に近づけな

スペースにパスを出して競争

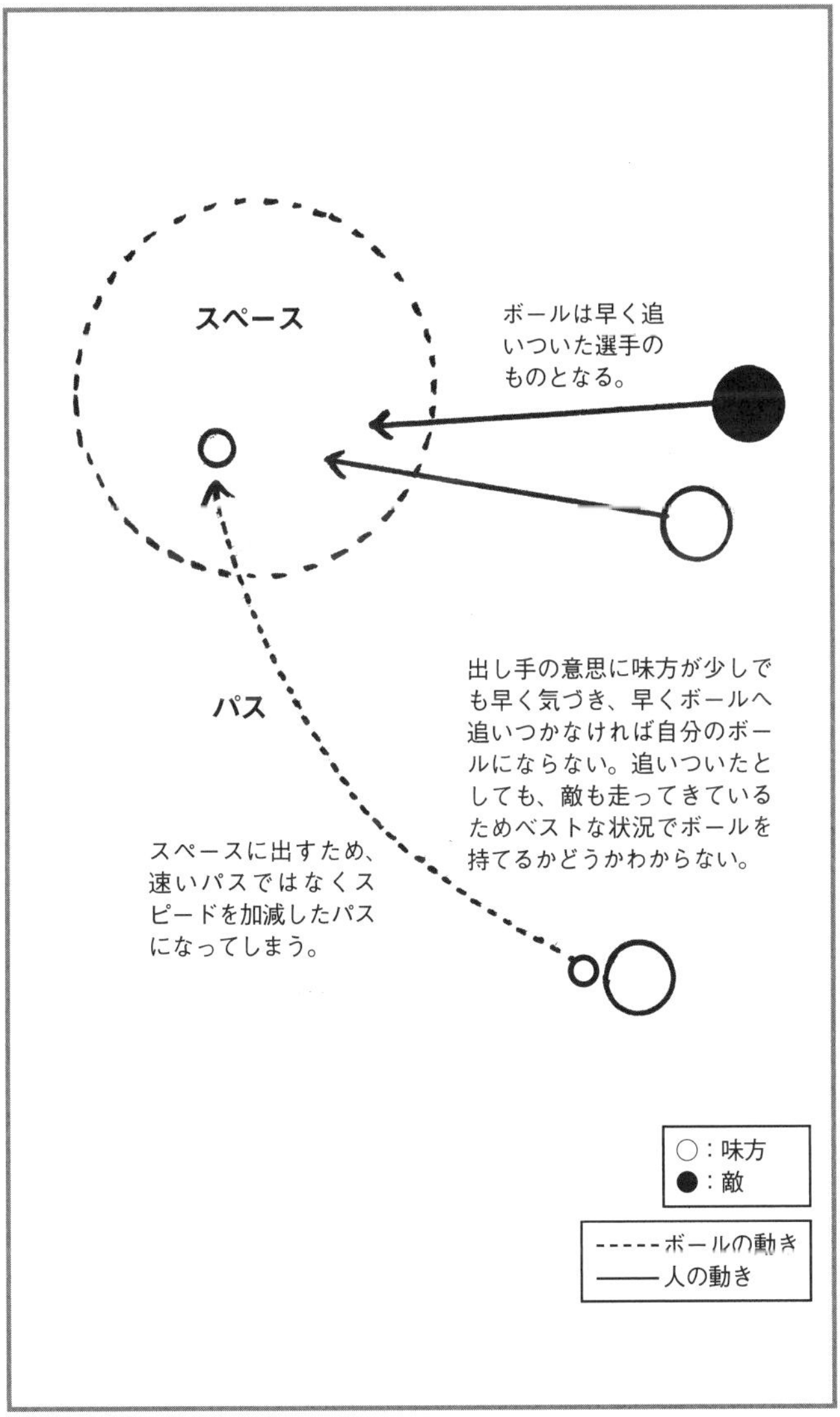
スペース
ボールは早く追いついた選手のものとなる。
パス
出し手の意思に味方が少しでも早く気づき、早くボールへ追いつかなければ自分のボールにならない。追いついたとしても、敵も走ってきているためベストな状況でボールを持てるかどうかわからない。
スペースに出すため、速いパスではなくスピードを加減したパスになってしまう。
○：味方
●：敵
-----ボールの動き
——人の動き

いですし、近づけたとしても、「どんな蹴り方もできる」という位置に常にボールがあれば、ドリブルでかわしたり、パスを出したりと、無限の可能性が広がるのです。

前線からプレッシャーをかけていくのが得意なチームと対戦しても、技術さえしっかりしていればまったく恐れることはありません。

前に出てくるということは前方に矢印を出したということですから、そのレーンから外れてしまえば、むしろ敵の力を利用して敵から距離を取ることすら可能なのです。今はカテゴリーに関係なく、前からのプレッシングを「チーム戦術」として掲げているところが多いのですが、「外す」ということができれば、いくらでもフリーの味方は見つけられるのです。

うまく外せば、味方の数だけ攻撃の起点は作れる

繰り返しになりますが、「外す」技術を正確に行うためにも「止める」「蹴る」といった基本技術がとても重要です。受け手によって、足元からズレたパスでも止められる人と、少しでもズレたらボールを止められない人がいます。

ジダンだったら、2メートルくらいズレていても、ボールを正確に止めることができるか

受け手の「外す」技術とボールの受け方 ①

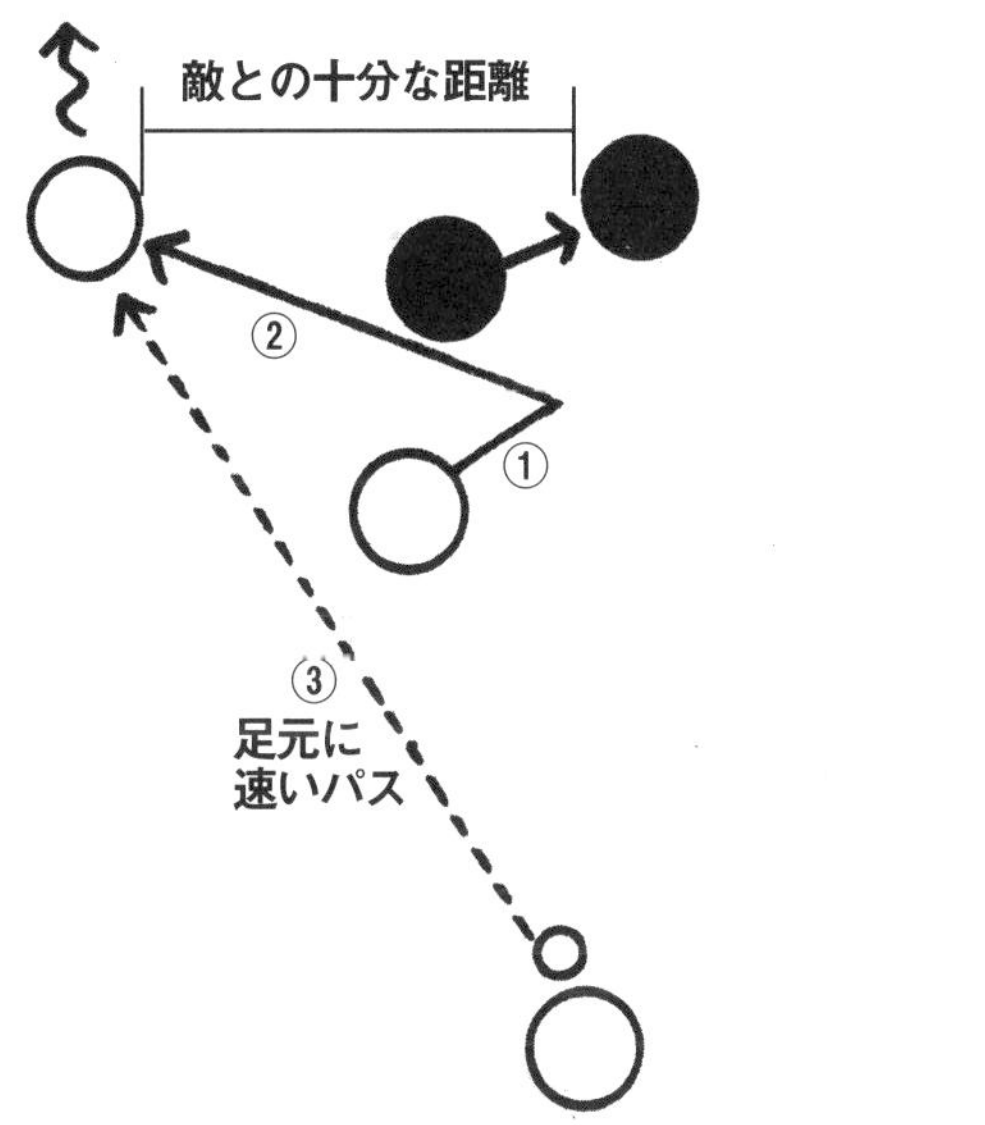

敵との十分な距離
②
①
③
足元に
速いパス
○：味方
●：敵
-----ボールの動き
――人の動き

① 受け手は受けようと思う逆方向へ動き、マークしている敵に同じ方向の矢印（動き）を出させる。

② それと同時に素早く逆方向へ動き、敵との十分な距離を確保する。

③ ②で敵を外したと同時に受け手の足元へ速いパスを通す。

※敵との十分な距離は、その人の持っている技術によって異なる。止める技術が未熟であれば1mでも足りないが、50cmでも十分、という選手もいる。

受け手の「外す」技術とボールの受け方②

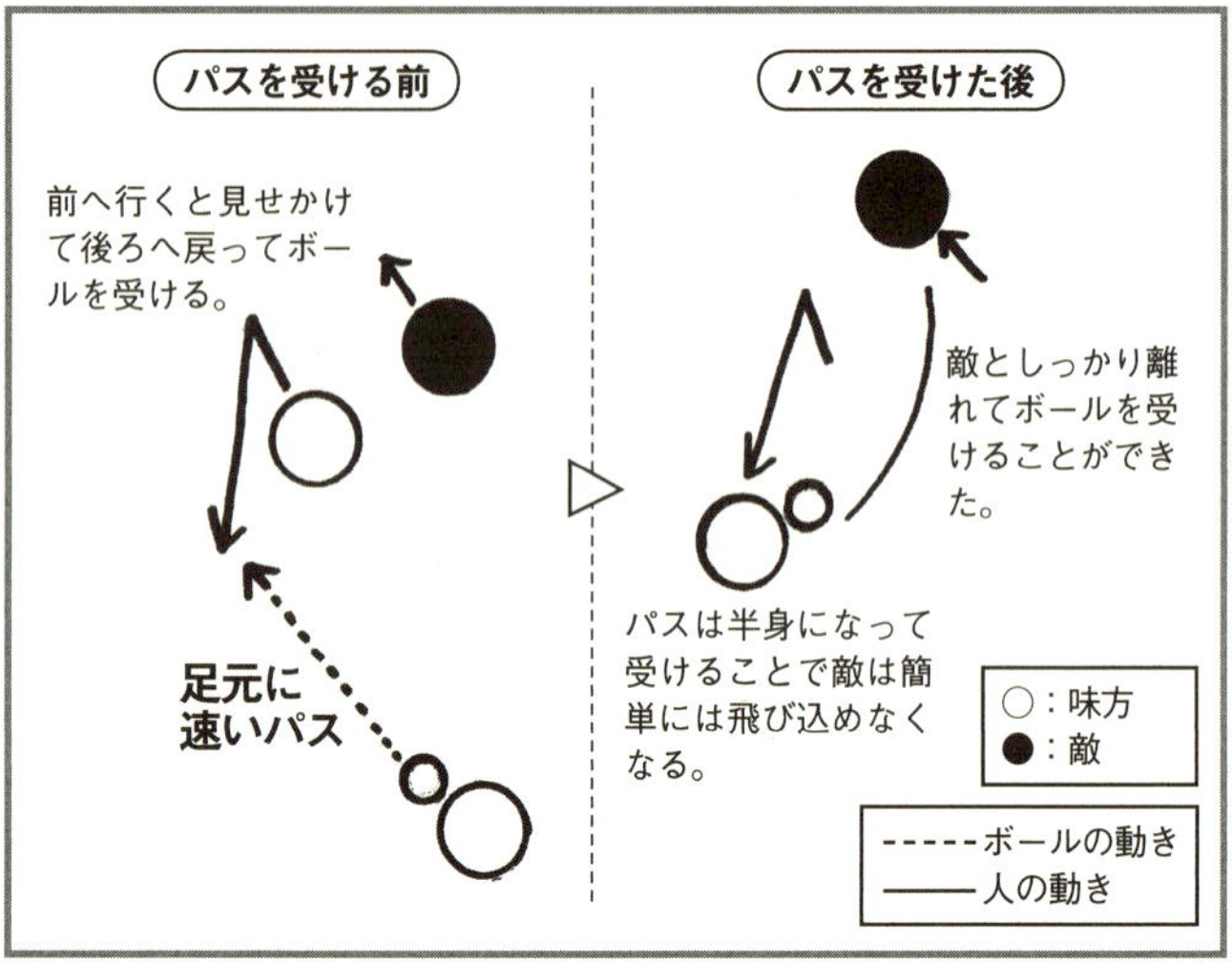
パスを受ける前
前へ行くと見せかけて後ろへ戻ってボールを受ける。
足元に速いパス
パスを受けた後
敵としっかり離れてボールを受けることができた。
パスは半身になって受けることで敵は簡単には飛び込めなくなる。
○：味方
●：敵
-----ボールの動き
——人の動き

もしれませんが、選手によっては1メートル、もしかしたら50センチでもズレたら、もう止められないかもしれません。そのため、出し手は絶対にその範囲にパスを出さなければ攻めることができません。

「だいたいその辺」では、ダメなのです。

それでは、「外す」技術を身につけるには、どうすればいいのでしょうか？　ほんの一例ですがご紹介しておきます。

まず受け手の側から解説しましょう。

人を「外す」には、敵と味方の動きを意識することです。フォワードなどのポジションに関係なく敵の逆をつき、フリーになる動きをしていきましょう。自分が一歩でも前に向かって動

出し手の「外す」技術①

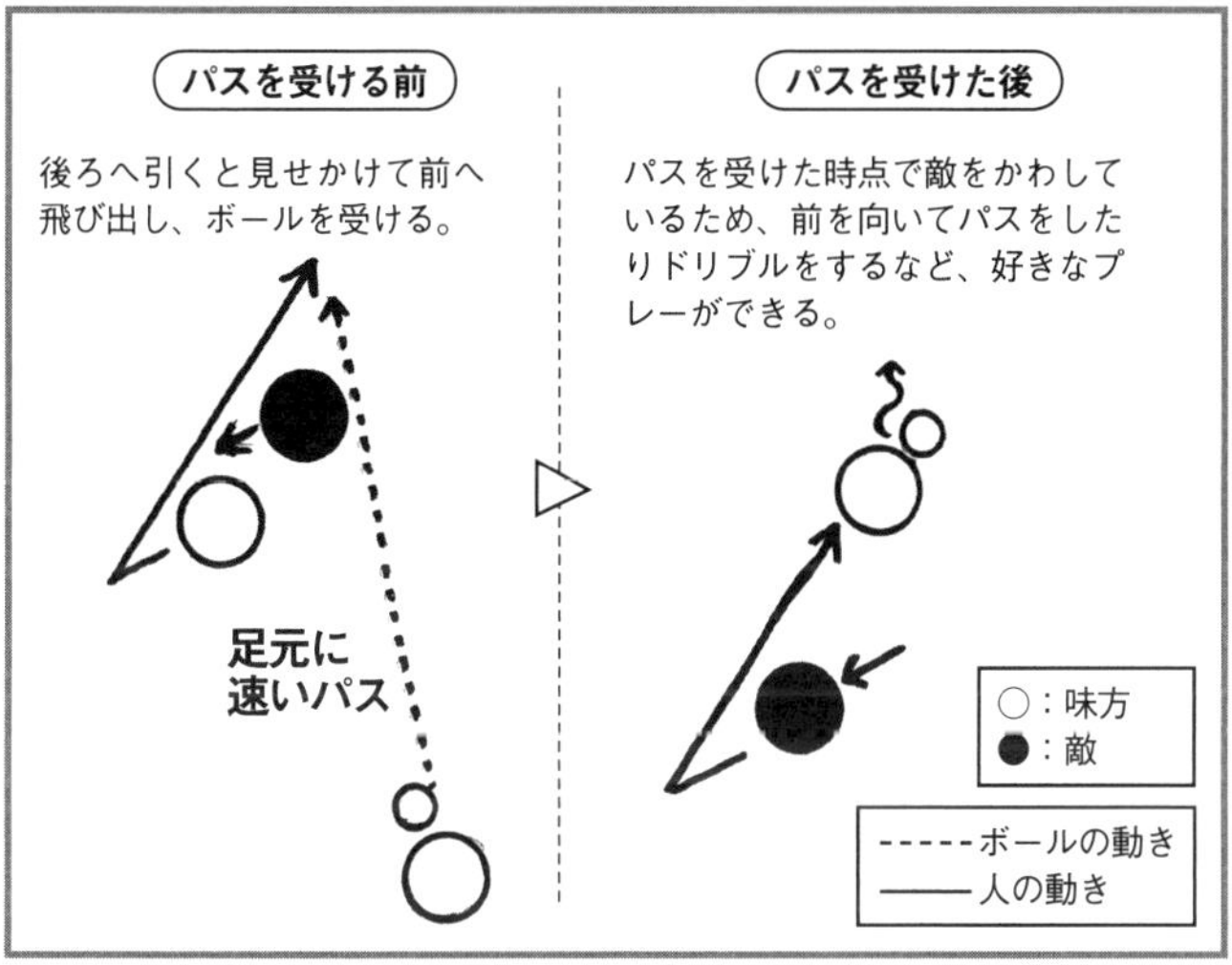

パスを受ける前
後ろへ引くと見せかけて前へ飛び出し、ボールを受ける。
足元に速いパス
パスを受けた後
パスを受けた時点で敵をかわしているため、前を向いてパスをしたりドリブルをするなど、好きなプレーができる。
○：味方
●：敵
-----ボールの動き
——人の動き

けば、矢印は前に出ます。そうすると敵もいっしょに矢印のほうに向かいます。そのとき、敵の矢印から外れてボールを受けると敵との距離と時間ができます。

109、110頁のイラストを見てください。1人の選手がボールを持っているときに、もう1人が前に出たとします。その瞬間に敵がいっしょに動いたとすれば、前には行かずに戻ってきてパスを受けます。もちろん横に離れてパスを受けてもいいのですが、このとき、パスが速くないと、せっかく逆をとった敵に戻ってくる時間を与えてしまうので、出し手は速いパスを意識しましょう。

逆さえとれれば、敵の力（矢印）を利用することにもなります。

重要なのは「敵を動かす」ということです。

次に、出し手の外し方です（111、113頁のイラスト参照）。

その場合も、味方ではなく敵を見てください。

受け手が「外す」動きをしても、敵DFがついてきたとします。受け手がフリーになれなかったら、出し手が外してあげましょう。敵DFが動いた瞬間、動いた足の「かかと」すれすれにパスを出してあげればいいのです。

かかとに出すということは、敵の体勢から考えると裏を取られた状態になり、反応がしにくいポイントです。そうすれば、受け手には見えているはずですので、スペースではなく、点でパスをつなげられるのです。

すぐにこの技術を習得するのは難しいかもしれません。

普段から必ず敵をつけた練習を心がけてください。注意すべきポイントは、

「常に敵を見ている」

ということです。味方同士を見ているだけだと1人の敵に止められる可能性もありますが、

出し手の「外す」技術 ②

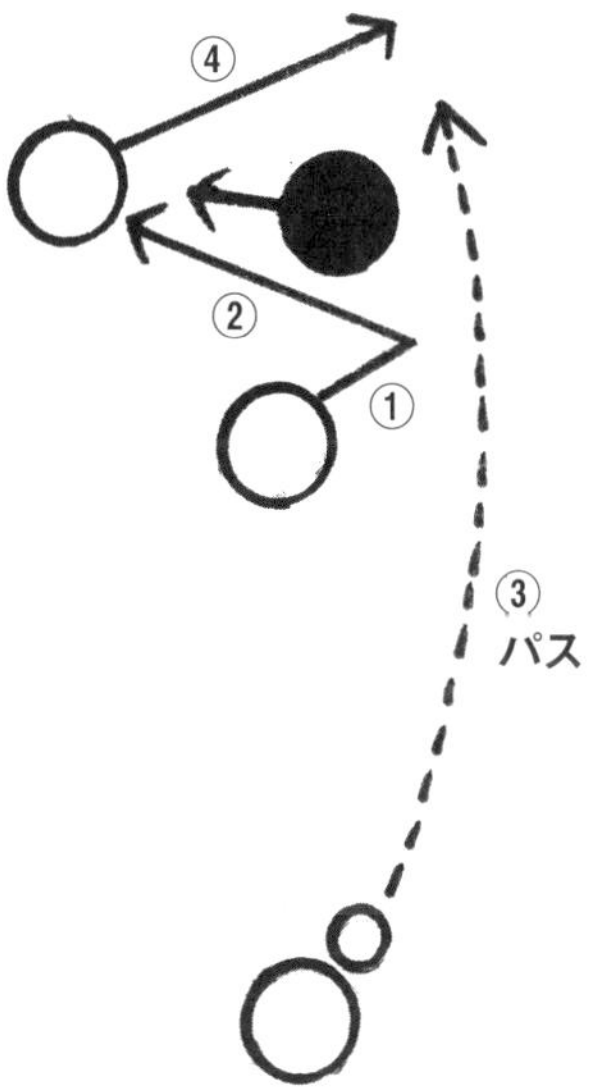

① 敵を外す動きをするが。

② 失敗して敵がついてくる。

③ 敵がマークに気を取られているそのとき、敵のかかとあたりへゆるいパスを出す。

④ 敵はボールを見失っているため、受け手は余裕で動き直してボールをもらう。

○：味方
●：敵

-----ボールの動き
——人の動き

1人の敵を出し手と受け手の2人で見ていれば、ミスでもないかぎり、どうやったって止められることはないのです。敵にしたって、敵フォワードに見られているのは気持ちが悪いはずです。

練習にも試合にも「外す」ための決まったパターンはありません。

よく指導者の方から「あのツートップの動きにはどういう約束事があるんですか?」と聞かれることがあります。

「ツートップの動きなんか練習していません。やっているのは敵を外す動きと、それを意識したシュートの練習です」

と言うことにしているのですが、「約束事がない」という練習は不思議に思われることが多いです。しかし、説明するのは難しいのですが「外す」動きが身につけば、サッカーが「速く」、効率的になることは間違いありません。

サッカーでは、場所(スペース)はないときがありますが、敵がいないことは絶対にありません。ですから敵の数だけ、その敵から少しだけ味方が離れることで、攻撃の起点はいくらでも作れるということなのです。

敵さえいれば、「外す」練習はいくらでもできます。意識して練習してみましょう。

「動く」の真意をあらためて考えてみよう

「運動量が少ない」と言われて、怒られている選手を見かけることがあります。的確に動いているのにもかかわらず、そう指摘されてしまう場合があるのです。

なぜでしょう？

それはその監督自身が、本当の「動く」という意味を理解しないままにここまできてしまったからではないでしょうか。そもそも、「動かない」と「動けない」では意味が違います。

ここでいう「動かない」とは動く必要がない

という判断です。動かないほうがボールがもらえるとか、味方の場所を消さないためとか理由はいくつかありますが、これがわかる選手は周りがよく見えていて判断力の高い選手と言えます。

しかし「動けない」というのは、自分がどこに行っていいのかがわからないか、もしくは単純に走れないといった選手です。

本来であれば、1メートルほど敵から離れれば、「フリーな選手」としてパスがまわってきていいはずです。

しかし、ほとんどのチームは、3メートル、もしかしたら5メートルも離れていなければ「フリーな選手」にはカウントされません。自分はパスを受けられると思っているのに、出し手が「フリーになっていないから」とパスを出してくれず、さらには「あいつは動いていない」と言われてしまうのが現状なのです。

世界のトップレベルは「1メートル外す」動きの連続で何十キロと走ってしまいます。サイドラインを長い距離走っているとか、誰もいないスペースを走っていることを「動いている」とは言われません。とても頭を使うサッカーですが、これができるようになれば、サッ

背中で運ぶドリブル

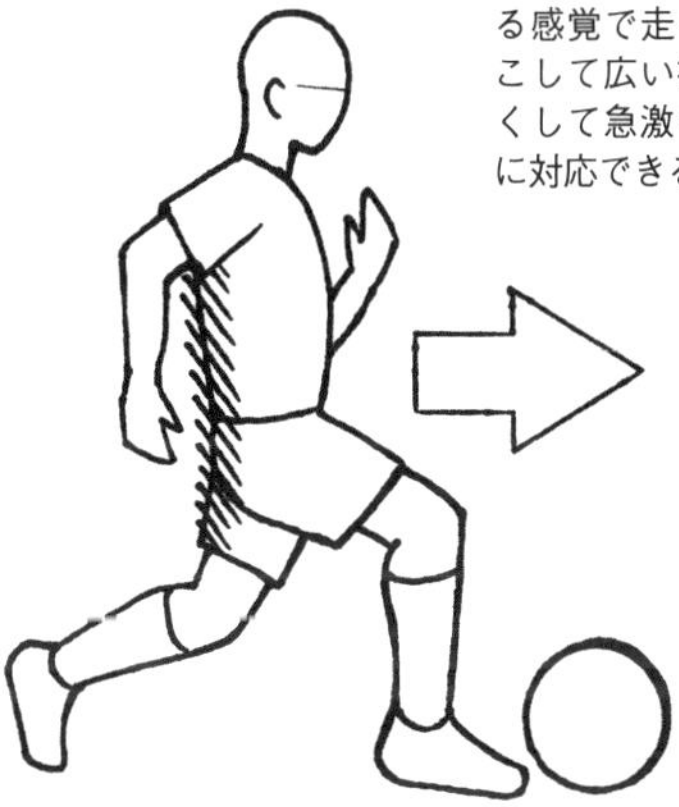

前に進むための筋肉は背中側にある。前へドリブルする際は背中で押している感覚で走るとよい。また、上体は起こして広い視野を確保する。重心は低くして急激なターンやスピードの緩急に対応できるようにする。

カーがまたひとつ面白くなるはずです。

速く進みたいなら「背中で」運ぶのが有効

では最後は、「運ぶ」技術についてお話ししたいと思います。

筋肉の構造として、ボールを「蹴る」「運ぶ」といった前に出て行く行動は、すべて後ろ側の筋肉に支配されています。腹筋はいくら鍛えても、止めるだけの筋肉ですから、「運ぶ」ためにはあまり関係ありません。それよりも一番力を生みやすいのは背中です。背中はパワーを持っていて、「押し出す力」を生み出します。そのため、体幹を鍛えるとクリスティアーノ・ロナウドのように簡単には倒れなくなります。

サッカースクールでトレーニングしているときには、子どもたちには「足元なんか意識しないこと。足元を意識すればボールを触るたびに止まる。だからボールを意識しないでドリブルをしなさい」と教えるようにしています。

ロナウドのように真っ直ぐドリブルするためには、「背中で走る」ことを意識しなければなりません。たとえば、普通に走った状態でボールが足に当たっていれば、それが最速なわけです。ドリブルしようと意識するから、1回1回触ろうと思って、それに合わせて筋肉も止める動きになってしまうのです。触って止まる、触って止まる、では必然的に遅くなってしまいます。

トレーニング方法として、まずは選手たちにボールを持たずに走らせて、次にドリブルをさせます。そうするとボールを持たないときの自分のスピードの感覚が体にインプットされるので、その後もスピードを維持したままドリブルが可能になります。

それでも次第に、ボールをうまく扱おうとして意識がボールに向かってしまうので、スピードは落ちていってしまうのですが、この練習を何度も繰り返していくことで、徐々にではありますが、速くなっていきます。

これも反復することでしか、上達への近道はありません。

自分を知れば、誰にも負けないドリブルが生み出せる

運び方は人によって千差万別です。

私の場合は、ドリブルは感覚として「足の後ろ」を使っています。その理由は、小学校まで足が速かったのですが、中学校に入学したときには身長が144センチしかなかったので、平均身長で170センチ前後の周りと比べて、これでは速さで勝負ができないと思ったからです。ではどうやって戦おうかと考えたとき、極端に言えば「それだったら走らなければいいや」という結論に達したのです。

歩いて進めば、相手との速さは関係なくなります。そうすればスピードではなく技術の勝負になります。技術だったら負けない自信があったので、取られないように足の後ろでボールを守るように扱うことにしました。その代わり、敵を3人抜くために、何度もかわさないといけなくなりましたが、それでもボールさえ取られなければいいと考えました。

その後は背も伸び、再び足も速くなっていったため、中学校時代に覚えたドリブルの技術

ドリブルのイメージ

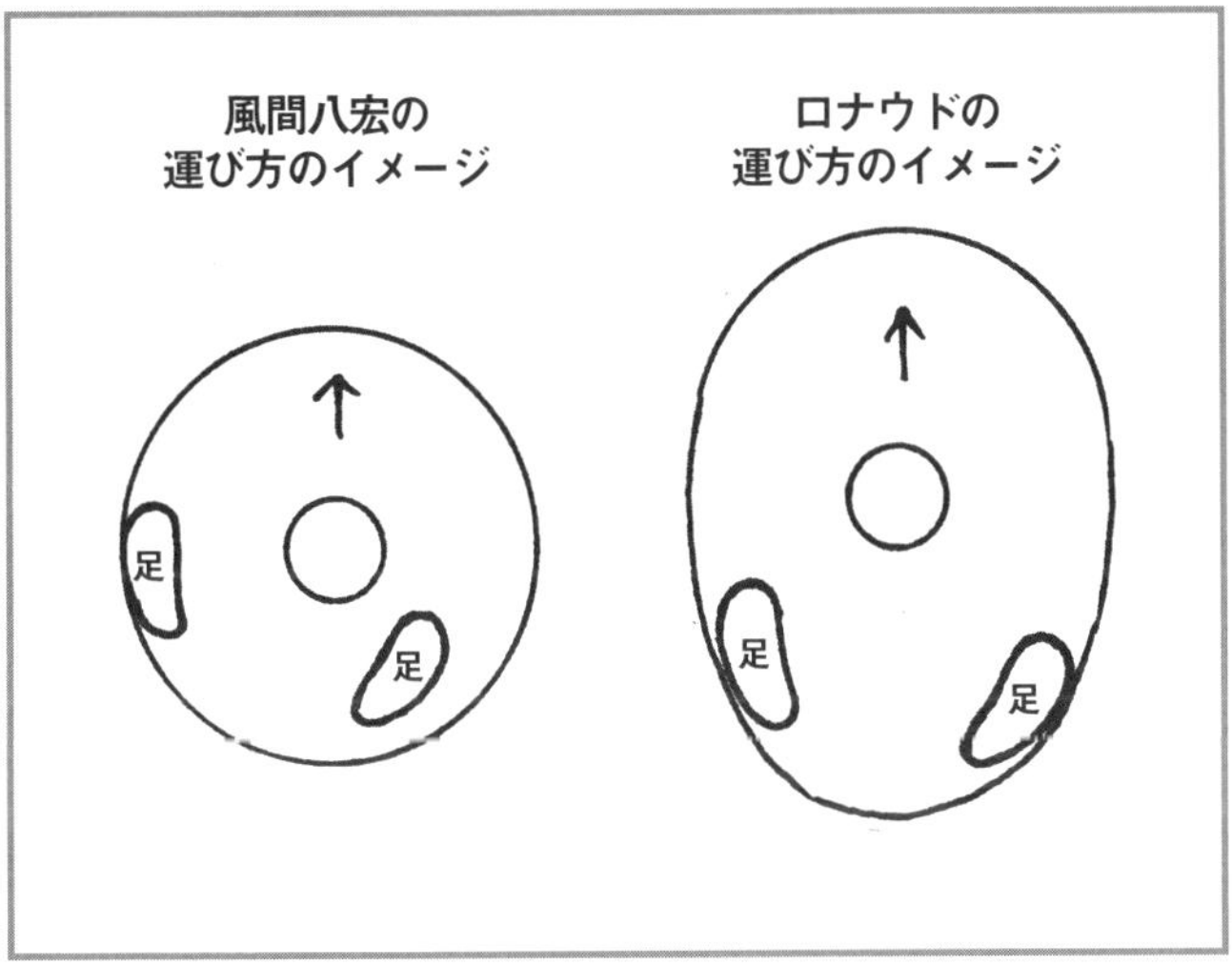
風間八宏の
運び方のイメージ
足
足
ロナウドの
運び方のイメージ
足
足

は、ドイツでプロになってからも私の一番の武器になりました。

運び方を上のイラストのように○（まる）でイメージするならば、ロナウドは前が長い楕円形で、私の場合はボールを後ろ足で扱うから、正円です。結局、前に進んでいることに違いはないので、その手段である運び方の技術は人それぞれでいいと思います。

ドリブルというと敵に向かっていく、1対1の勝負で縦に仕掛ける、といったことを連想しがちですが、敵に向かうのではなく、わざと離れるようにドリブルするのもひとつの手です。真っ向から挑めば、敵は待っているだけでいいのですが、離れられたら追いかけるしかありません。敵が動いたら、逆をつけば突破できるかもしれないし、局面によっては効率のいい方法かもしれないのです。

運び方のバリエーションは状況によってたくさんありますが、基本はすべて同じです。体を運ぶ、ボールを運ぶ、真っ直ぐ運ぶ、ジグザグに運ぶ、方向を変えて運ぶ、どの運び方でも、体とボールがいっしょになれるかどうかです。インサイドやアウトサイド、それに足の裏など、足の様々なところで触ってみて、どう触れば、どうボールが動くのかを、しっかりと感覚でつかんでください。とにかくたくさんボールに触るしか、うまくなる方法はありません。

特別に見える「目」を持って生まれた選手たち

ここで、基本技術とはちょっと違いますが、個人が持つ「面白い技術」に関するお話をしましょう。

「姿勢がいい選手は視野が広くてたくさん見えている」

あちこちで話題にされるテーマですが、これは、姿勢の問題よりも、おそらく「目」が他の選手と違うのではないかと私は考えています。

サンフレッチェ広島時代にいっしょにプレーしていた、イワン・ハシェック（現役引退、元チェコスロバキア代表FW）は、動体視力が抜群に優れた選手でした。たとえばサイドからクロスボールが上がったとします。普通の選手には出し手が蹴ってから数秒後に見える落下点までの軌道を、彼はクロスボールを蹴った瞬間に判断できてしまうのです。そのたったコンマ数秒の差が、ポジション取りで彼を優位にさせ、その結果、それほど身長は高くないのですが、多くの得点をヘディングでも足でも取っていました。それは彼だからこそ可能なプレーだったのです。

このように、人はそれぞれ「目」が違います。それは視力のことではなく、サッカーに必要な「目」の能力があるという意味です。

私は、人より優れた映像記憶能力があるらしいということを、テストしてもらい知ることができました。幸運なことに、当時の日本人選手では1人だけだと言われるほどのものだったようです。

これはどういう力かというと、たとえば8桁の数字を連続で出されても、それをすべて記憶できるというものです。現役時代にそのテストを受けた際、周りの選手が誰も覚えられないというので、「まじめにやれ！」と怒ったのですが、係の人から、「みなさん、とてもまじめにやってくれています」と言われました。

当時この能力があるのはイタリアでもロベルト・バッジオ（現役引退、元イタリア代表FW）とサビチェビッチ（現役引退、元ユーゴスラビア代表FW）、それと他にもう1人いるだけとのことでした。

それで自分は少しは人より目がいいのかと改めて考えてみると、ピッチ上でも思い当たるフシがありました。

攻める側のゴールを背にしてパスをもらう前に、パッと振り返って前を見ると、味方と敵の位置が全部覚えていられるのです。さらに言えば、実際の距離は何十メートルと離れていても、それがすぐ近くにいるかのように鮮明に見えていて、ボールをどう蹴るかまで考えることができました。

さらに、こんな話がありました。

日本代表の試合で、柳沢敦選手（現京都パープルサンガFW）がいい動き出しをして、小野伸二選手（現清水エスパルスMF）が走りこんだ柳沢にパスを出して点が入りました。私は知り合いのサッカーライターから、「得点までの過程で、どのプレーがよかったと思いますか？」と聞かれたので、「小野の目があれば、パスがあまり得意でないディフェンスの選手でも通せるパスだと思いますよ」と答えました。

質問してきたサッカーライターは、理解できない顔をしていました。周りの人が、「柳沢の動き出しはやっぱり抜群に速い」とか「小野のパスは受け手にも優しいし、本当にすごいところを通してくる」と言っているのに、私だけ「目」の話をしていたことが不思議だったようです。

もうひとつ。中田英寿（現役引退、元日本代表MF）も「目」がよかったと思います。以前テレビの番組でインタビューをする機会があったので、聞いてみたことがあります。

彼の出場していた試合をいっしょに観ながら、途中で映像をストップさせ、画面上に入っていない部分を指して、「私は画面の外のここと、ここと、ここの3箇所が見えていたけど、なんで君はここのパスを選択したの？」と質問しました。

すると彼は、「風間さんの言っている3箇所のうち、2箇所は見えていたけど、それ以外に僕はもうひとつ違うところが見えていました」と答えたのです。

周りにいたテレビスタッフは面白そうに聞いていましたが、その話は映像として視聴者に伝えることができず、実際に放送はされませんでした。

小野や中田の話からもわかるように、彼らの見え方はある意味「特別」なのかもしれませんが、そうでない選手も、自分が見えている範囲での最良の選択をし、戦っていけば何の問題もないのです。

「止める」「蹴る」「外す」「運ぶ」という基本技術について紹介しました。あとは、自分がどれだけ意識を高くもって練習をし、ボールに触るのか、これだけだと思います。

指導者も選手に「やらせる」ことはできません。選手自身がうまくなりたいと強く思い、ひたすらこだわってやるだけなのです。本当に何度も繰り返しますが、サッカーの練習は反復しかないのです。

サッカーは自分の技術のぶんだけしか、楽しむことはできません。自分が成功するため、戦うため、サッカーをするために、技術をしっかりと学んで身につけていきましょう。そして、同時に培った発想や判断力をそこに重ね合わせ、どこに行っても戦えるだけの「個人戦術」を築き上げていってください。

9
PRU
11
adidas

第3章

日本サッカーに必要な「確かな指導力」

「部員5人」からスタートした私の監督人生

第1章と2章では、「個人戦術」を築くためには「考える力」としっかりとした「技術」が必要だとお話しさせていただきました。続くこの章では、そうした個人戦術を選手が身につけるために、指導者を含む周りの大人たちはどう働きかけていけばよいのか、考えていきたいと思います。

その前にまず、私が現役引退後、指導者としてスタートを切った頃に出会った選手たちとのエピソードから少しお話ししましょう。

私は、97年から04年まで、桐蔭横浜大学サッカー部の顧問をしていました。

就任したときは、サッカー部ではなく同好会で、練習も高校生の練習が終わってから、真っ暗になったグラウンドの隅でボールを蹴るだけというものでした。

それから正式にサッカー部が発足し、学校が練習場に照明もつけてくれることになったのですが、同好会の部員に「いつ練習に参加できるのか」と聞くと「この日も、この日も都合が悪いです」と、全部ダメだと言うのです。

不審に思った私が「これからは思いきり練習ができるのに、なぜ来られないんだ？　正直に言ってみなさい」と聞くと「実は、僕らは高校まで一所懸命サッカーをやってきたので、ようやくこれからは自由にサッカーができるようになったと思っていたんです」と、大学生活を楽しみたかった彼らは、いきなり正式な〝部活動〟に参加させられそうなりゆきに戸惑っている様子でした。それでも私はただ「私は練習に来られるかどうかを聞いている。来られない日を聞いているのではないんです。これからは同好会からサッカー部に変わるから、本気でやりたい人だけ来なさい」と話をしました。

最初の練習にきたのは、5人。5人中2人は大学に入ってからサッカーを始めた学生です。ゴールキーパーもいませんでした。

4月になり、新1年生が7人入ってきました。その中にゴールキーパーも1人いて、12人からのスタートです。部員の1人が早速「ユニフォームは揃えないんですか？」と聞いてきましたが、「そんな話は後。とりあえずウォーミングアップをしなさい」と言ってやらせてみると、いきなり何人かが嘔吐してしまいました。「君たち、ユニフォームの前に、体力をつけてくれ！」と思わず叫びたくなってしまうような、それぐらいひどい状況でした。

そんななかでリーグ戦まであと3カ月というところまで迫ってきてしまったのですが、それでも私は練習も週に1回しかしませんでした。コーチや選手が「なぜ練習をしないのか?」と聞くので、

「君たちの顔なんか見たくないだけだ。君たちと毎日サッカーしていたら気分が悪くなる」

と応えると、コーチは、

「まだまだの選手ばかりなんだから、毎日練習しなきゃいけないのでは」と心配します。

「私やコーチが彼ら選手と違うのは、我々は毎日サッカーをしても疲れないんだよ。でも彼らは、まだまだ本気になってない。だから、やりたいと思わせないといけない。それまでは放っておけばいい。彼らがやる気にならないと、私たちが教えたところで何もならないんだから」

それから1カ月経って、彼らは「やらせてください」と、やっと本気の顔になってあらわれました。

「わかった。やっとスタートだ。私は待ってた。じゃあ始めよう」

それから毎日2部練習をしました。2カ月後には、1回も勝ったことがなかったチームが、

全勝でリーグを勝ちあがりました。選手が本気で取り組んでくれたおかげですし、もちろん1人ひとりもどんどんうまくなっていきました。

教え子が自ら切り拓いた輝かしい道

そんなとき、選手の1人が練習に来なくなりました。他の選手に聞くと「家出しました」と言うのです。理由を聞くと、両親の仲がうまくいっていないとのこと。早速お母さんと話をすると、お父さんが息子に「球蹴りなんて賛成しない」と反対しているうえ、事実、夫婦仲があまりうまくいっていないことなどを正直に話してくれました。私は、

「わかりました。1回だけ私の願いを聞いてください。息子さんの試合しているところを観にきてほしいのです。最初はまったく戦えなくて、能書きばかり言っている子だったのですが、いまでは一番頼りになる選手です。もとから頑張る選手ですが、いまはさらに頑張って練習しています」

と伝えました。

両親はその私の願いを聞き入れてくれ、我が子の姿を見て、とても感動してくれました。

それが理由かはわかりませんが、夫婦仲も円満に戻ったそうです。

その後の彼は、大きな化粧品会社の営業職に進み、その会社の全国売上げナンバーワンにもなり、母校の大学からも表彰されました。大宮（埼玉県）で練習試合をしていると、ときどき車で駆けつけてくれます。

自分が関わった選手のそういう姿に出会えるのはとても嬉しいことです。今でも様々な選手が遊びにきてくれたり、サッカーの指導者になってくれたりしていて、まさに〝指導者冥利に尽きる〟思いです。

「個」を見極める目で選手の力を伸ばそう

このように現在に至るまで、子どもから大人までさまざまなカテゴリーの選手の育成・指導に携わってきましたが、サッカーには、きちんと選手を見てあげられる周囲の「目」が大切だと日々実感しています。

選手には、自分の頭で考え、力をつけていってほしいのはもちろんですが、そのためにはやはり、周りにいる大人のサポートが不可欠です。大人というのは、監督やコーチといった

指導者のみならず、両親をはじめとする家族や地域の人々なども含みます。こうした人たちがしっかりとした目を持っていれば、選手1人ひとりが持っている力をぐんぐん引き出せるのではないかと感じています。

ここからは、選手を取り巻く大人の中でも、まずは指導者に重点を置いてお話ししてみたいと思います。

以前、日本の高校生3人をスペインに連れて行き、現地のユース世代のトレーニングキャンプに参加させたことがあります。バルセロナやバレンシア、エスパニョールなど、スペインの名門クラブの育成担当者たちも集結しており、選手のレベルもモチベーションもかなり高いと言えるものでした。

日本から行った3人も、最初の練習を見る限りでは、通用するレベルにあるように思われました。スピードも技術もそこそこあり、ウォーミングアップをかねたミニゲームでは、一番うまいのでは、と思わせるプレーもするのです。

しかし、試合になると状況は一変しました。今まで目立つことのなかったスペインの選手たちが〝僕たちは実戦に強いのだ〟と言わんばかりに、ゲームを動かしていくのです。練習

SHIMIZU
BANK
戦

で目立っていた高校生3人は、結局ほとんど何もできないまま試合を終えてしまいました。終了後、スペインの指導者たちは私に、日本からきた3人の選手について「この選手はここが足りない」「こういう技術は特別にうまいが、もっと自分をコントロールした方がよい」などと伝えてくれました。

正直、驚きました。私がその選手らを何年も見つづけて気づけたこととまったく同じことを、彼らはほんの数日間見ただけで的確に指摘してくるのです。それだけ、スペインで出会った指導者は選手「個人」をしっかり見ているのだと実感した出来事でした。

このように指導者がきちんと「個人」を見ることができれば、選手はもっともっと可能性を広げ、プラスに変化していくことも十分できます。さらにそのためには、スペインと同じ練習をすればいいというわけではなく、選手の持つ「個」を見極めたうえで、「考える力」と「技術」をしっかりとつけさせていくことができるかどうかがとても重要なのです。

ここで重要になってくるのが、先にお話しした「目」です。

教えればできる日本の選手は、そのあとも絶対にそのことを忘れません。技術も頭脳も繊細ですし、もちろん、世界を驚かせる、すごい選手が出てくる可能性もあります。しかし指導者が的確な「目」を持たずに間違った方向に導いてしまっては、せっかくの才能も潰れてしまいかねないのです。

選手をきちんと見てあげられる指導者のもとで、高い意識を持ってトレーニングを続けていけば、よい選手は〝すごくよい〟選手に、ほどほどの選手は〝よい〟選手に、まだ上手でない選手も〝ほどほどよい〟選手になります。選手によっては、２段階飛び越えて〝すごくよい〟選手になることもあるかもしれません。

もちろん、みんなが同じところに到達する必要もありません。誰もがメッシのようになることは不可能なのですから。ただしこれは、みんなが一流になれない、ということではなく、あくまでも個人個人が持つ特長を最大限に生かしていけばよいのです。

普段のトレーニングにも敵をつけていれば、それだけで選手は「考えて」サッカーをするようになります。足が遅ければ、遅いなりにどうやって敵を封じ込めるのかを考える。遅い選手は少し距離をとって、敵に速さを発揮させないということを考え、ポジション取りに工夫を施した戦い方をすればいいでしょう。逆に足が速ければ、敵のボールを奪いにいってかわされたとしても、またすぐに追いついて奪いにいけばいい。それだけなのです。それがその選手にとっての戦う術になるのです。

ただ、私も常に意識しているのは、あくまでも「トレーニングが選手を変えるのではない」ということです。選手が持っている能力や素質を存分に引き出そうという気持ちで私たち指導者が選手と向き合わなければ、彼らの成長は足踏みしてしまいます。

たとえば、自分と敵のスピードを比較して、せっかく敵の長所を封じ込めることができている選手に対して、「なんで奪いにいかないんだ！」と言ってしまったらどうなるでしょう。その選手は本来の個人戦術を発揮できなくなります。

そこできちんと客観的にその選手を見てあげることができれば、

「あの選手は自分の戦い方がよくわかっているから敵に抜かれてない。きちんと頭を使って考えることができている」

と判断してもらえるところを、そうでなければ「取りにいけ！」となってしまうのです。

選手1人ひとりの特徴は違うのに、みんなに同じサッカーを求めるのはけっしていいことではありません。時には指導者よりも選手の才能の方が上回っていることもあるわけですから、この選手は何を持っているのか、いま、どの位置のレベルで、何をアドバイスすればいいのか。それを見極められなければ、先ほども言いましたが、間違った方向に転がってしまうことだって十分あるのです。

私たち指導者はその自覚を持ち、しっかりと選手を見られる「目」を養なわなければならないと思います。

「やらせる」サッカーが成長の芽を摘んでいないか

さて、選手の育成に携わるようになってから私が常に気をつけているのは、彼らは私に「サッカーをやらされている」状態になっていないか、ということです。

選手を育成することの最終目的は、「指導者が与えた練習メニューをこなせる選手を作ること」ではなく、選手自身が「うまくなりたい」と強く願い、たくさんボールに触った結果、「サッカーがうまくなると同時に、優れた人間性を身につける」ということではないかと思っています。そのためには、選手に「やらせるサッカー」ではなく、「自らやる」ように導いてあげることが不可欠で、私自身が自分本位のサッカーを押しつけていないかどうかの自問だけは怠らないように心がけているつもりです。

これは、指導者自身が自分1人の感覚に頼っていては判断できないケースもあります。私の場合は、周りのスタッフなどに「選手たちはよい方向に変わっていますか？　私にやらされた指導を受けてはいないでしょうか？」と尋ねるなど、第三者からもらう声にも耳を傾けるようにしています。「すごく、楽しそうにプレーしているよ」とみんなに言ってもらえたら「あぁこれでいいのか」と思えますし、そうでないときは「ここはこうしたほうがいいのでは」といった、アドバイスをしてもらうこともあります。

こうした相談相手は必ずしも指導する側の仲間でなくとも構いません。選手たちに直接聞いてみてもよいのです。「うまくいってるか？　サッカー、面白いか？」などと。

自分の指導が正しいかどうかは、彼ら選手が決めることで、もっと極端に言えば、私の指導が正しくなくても、選手たちが正しく伸びてくれればよいと考えています。それは、選手たちの表情を気をつけて見ていればわかることでもあります。

〝みんないっしょ〟の指導で考えられない子にしないために

選手をきちんと見る、とはどういうことなのでしょうか。例を挙げてもう少し考えてみま

TOSTEM
12

す。

たとえば試合の現場で、攻撃をしている最中に、ゴールまでの距離がある位置で選手がボールを取られてしまったり、持ちすぎてしまったりしたときに「なぜその位置から（シュートを）打たないのか！」などと指導者が厳しく注意した場合。

その選手からすれば、その位置からシュートを打ったところで届くのがやっとなのかもしれません。もしくは前の選手が少し動いてくれれば、決定的な場面を作れた、と考えていたかもしれません。それならば、打たないことを判断した選手は間違ってはいないのです。そして試合後に、ボールを取られたことだけを注意してあげて、次からはボールをもっと前に運ぶことを考えさせるか、その距離を蹴れるようにさせるのかを考えさせればよいわけです。

こうした場面では、しっかりと選手を見ることができていないと、画一的な判断を選手に押しつけがちになってしまいます。

いま、多くの日本の選手が持ち合わせている状況判断の選択肢は2つか3つぐらいでしょうか。もしかすると、もっと少ないかもしれません。これは誰でもこなせる内容のものばかりを監督やコーチに与えられてきた結果、とも言えます。〝みんな同じ〟をよしとする、い

わゆる横並びの指導では、指導する側の手で選手の伸びしろをせばめている可能性も考えられます。

先ほどの「打たないで取られてしまった」場面でも、「あの位置で敵に取られるくらいなら、シュートを打って終わったほうがいい」という〝一般的な〟考えが根底にあるのかもしれません。しかし試合においてまったく同じ場面というのはないのですから、そのつど選手自身が判断してプレーできるだけの力をつけてあげることのほうが肝要ではないでしょうか。

それは仮に、1000万円持っている人、100万円持っている人、あるいは500円しか持っていない人がいるとしたら、どうやりくりするかという、それぞれの状況判断はみんな違ってくるのと同様です。

また、ホワイトボード上でマグネットを使って戦術を教える手法にも少々疑問を感じています。実際にプレーする選手たちは、見た目も同じマグネットとは違ってそれぞれに個性があるのですから、その前提をしっかりと意識したうえで、私はグラウンドに立つ〝生身の〟選手を見つめた育成を心がけるようにしています。

自分の〝常識〟を取り払うと視界が開けてくる

最近では、筑波大の練習を、指導者の方が全国各地から見学に来られることも増えてきました。練習風景を見ながら、こんな質問をされることがあります。

「ツートップの1人が動いたら、もう1人はどう動くんですか？」

サッカーには同じ場面は2つとしてありませんし、マニュアルなどももちろん存在しません。それにもかかわらず、マニュアルのようなフォーメーション練習を進んで取り入れようと試みる方もまだ少なくないようです。

先の指導者の方からの質問にお答えするならば、この場合は「ツートップの1人が、敵を見てフリーになろうとするのであれば、もう1人も同じように敵を外してフリーになろうとするのです。それでボールを持っている選手も含めて、3人で3つの〝シュートまでいける場所〟を探しているのです」ということでしょうか。

つまりそこにあるのは動き方のマニュアルではなく、選手1人ひとりの「シュートを打つための」判断だけです。

また別の日に、中学生を指導している先生は「やっぱり大学生ってかなり速いですね」と言いました。私が「何が速いですか？」と聞くと、「動きもパスも」と答えました。「パスは速いと思います。では、なぜ速いかわかりますか？」

その先生は考えこんでしまいました。彼は「大学生だから中学生より速い」のだと、単純に「力が強い」という要素だけに目を向けたのかもしれません。

「選手たちがどこにパスを出しているか、よく見てください。足元ですか、スペースですか」

「足元ですね」

「そうです。どうして足元に出すかわかりますか？」

「？？？」

パススピードが速いのは、受け手の足元にパスを出しているから。スペースに送れば、絶対にボールの方が速いから、ゆっくりしたボールしか出せません。ですが、足元にボールを入れたら、全力で走っている味方にパスをするわけですから、そこは点と点でつなげるため、最速のスピードでパスができるのです。

問題は受け手がボールを止めることができるかですが、それは選手の技量の問題であって、意識としては常に「速く強いパス」を求めていかなければならないと思っています。

その先生にはそうしたことをお伝えしたかったのです。

私はこう話しました。

「たとえばハンドボールで、スペースにボールを投げる選手、あるいはフットサルで大きなスペースを求める選手がいますか？　頭の中にある既存の知識にとらわれなければ様々なことが見えてくると思いますよ」

中田英寿（元日本代表。現在は現役を引退）のパスが「キラーパス」と呼ばれていましたが、味方に通らないことも多い。彼のパスは速いから、スペースに出したら追いつくわけがないのです。しかし、足元に向けて出していたら、受け手に技術があれば止められます。そこにはもちろん、第2章でお話しした「止める」「蹴る」「運ぶ」「外す」といったすべての技術がなければならないのですが。

そういうことを考えていくと、先ほどのツートップの動きも、パスの速さという点でも、選手に求めるものが違ってきます。3人で3つの場所を見つけることにしても「止めて蹴る」という技術に要求されるクオリティは相当高いものになります。すると監督の指示も自ずと変わってくるでしょう。止めて蹴るまでの間に、「この瞬間を逃すな。なんで味方が外した瞬間にパスが出せないんだ」「速く正確に蹴りなさい」と伝えるのと、「トップの選手があけたスペースにパスを出して、追いかけなさい」というのとでは、選手のプレーの質は当然、変わってくると思います。

〝そのための練習〟にこだわらず、個人戦術の向上に重点を置く

もし仮にパスコースがなくてボールを取られてしまったとしても、私は周りの選手に向かって「なぜパスコースを作ってあげないのか?」とは言いません。目的は何かというと、ボールを取られずに前へ運び、シュートを決めることなのですから、パスコースを作っていない周りの選手が悪いのではなく、取られてしまった選手本人のミスなのです。ですから「1人でも取られないようにしなさい」と伝えるべきで、それが選手に考えさせることにもつながるのだと考えています。

さらに突きつめれば、ボールを取られてしまうなら、まずはそういう状況にならないこと

を考えるのも大事な「個人戦術」です。ボールを持てる選手がどんどんパスをまわしていけば、それだけでチームは速くなります。

こういうことに気をつけて見るだけでも、私たち指導する側の「目」は開けてきますし、それに比例して選手の「目」も成長していくのではないでしょうか。

他のチームと試合をすると、

「あんなに真ん中でつながれたら、僕らは食いついても取れないし、取りにいったらやられちゃいますよ。いったい、どういう練習をしているのですか?」と、よく質問をいただきます。これに対して私の答えはいつも「(何も)していないんです」。それは、敵のチームに手の内を隠しているわけではけっしてなく、本当にそのための練習などしていないのです。

選手たちが中盤を支配できているのは、ボールを受けたり、外したりすることを、彼らの考えた判断のうえでやっているだけです。

上手な選手には「ボールをたくさんもらいなさい」とは言っています。あまり上手でない選手が50回触るよりも、上手な選手が50回触ったほうが、試合を有利に進められるのは当然だからです。そして50回触った上手な選手には、「なんで100回触らないのか」と問いつめることもあります。

それは選手たちがそれぞれ「個人戦術」を持っているからできることであり、それができていれば、具体的かつ部分的なプレーを成功させることのみを目的にした、いわゆる「そのための練習」などは必要ないのでは、というのが私の考えです。しかし同時に、毎日のトレーニングのすべてが実は「そのための練習」になっている、という側面もあるのだろうと思います。

「形」に固執するとサッカー本来の目的を見失う

チームを作るうえで、うまくいっていなければ不安になるのは、指導者として誰しも当然のことだと思います。そんなとき、ひとまずチームとしての「形」を見たくなり、自分が間違っていないという確認をしたくなるのも自然の流れで、本来サッカーは「点を取って、勝つこと」がすべてなのですが、目に見える「形」のほうを重視してしまうことも少なくないようです。

それは選手も同じで、うまくいかないときほど、成功の手応えをより感じやすい「形」を

10

求める傾向が顕著になってきます。そうすると悪循環になり、ひとつ「形」をつくると、それしかやらなくなってしまいます。「言われたことをきちんとやる」のは大切なことではありますが、それひとつで終わってしまうのでは選手も伸び悩んでしまいます。ですから、今日「Aの形」を練習して、翌日「Bの形」を練習すると、その日はBの形ばかりうまくできる。

「あれ、昨日のAの形を習得した成果はどこへいった？」

といった状況が起きてしまうようです。こういった際には私は、

「それだけにこだわれとは言っていない。形はただのパターン。あくまでもゴールへ向かうための1つの方法なんだぞ」

と伝えることにしています。

このようなことになるべくならないよう、私はそういう「形」をあまり練習させない方法をとっているのですが、それは守備においても同様です。

たとえば「コンパクトに」と言って「最終ラインから前線までは35メートルに」などとはじめに形を決めてしまうと、それを維持することばかりに選手の意識が集中してしまうことも考えられます。

守備の本来の目的を考えてみましょう。それはラインを揃えることでも35メートルを厳守することでもなく「点を取られないこと」です。「形」を決めていても破られれば、失点してしまうのですから、それならば「マークをしている敵の選手にやられたら許さない」と言ったほうが、選手たちはそれこそ死ぬ気で守るようになるでしょう。

よい選手というのはボールを大事にします。ですからボールを取られたら本気で奪いにいくよう、普段からしっかりと意識を持たせることのほうが、勝利への近道なのではないかと思います。

力を「引き出す」ためのポジションチェンジ

私は今まで様々な場所で様々な選手を見てきました。その中には「止める」「蹴る」「運ぶ」「外す」のどれか1つが特別にうまいという選手も少なからずいました。ただ、指導者がうまく見てあげられていないことで、彼らの長所が発揮されないままになっているという状況も目にしました。

たとえば、足が速くて「蹴る」のがうまい選手がいたのですが、その選手はボールを「止める」のが苦手だったために、チームではサイドバックで起用されていました。なぜサイドバックだったのかというと、これもよくない考え方だと思うのですが、「サイドバックと言えば、ちょっと守れて、足が速くていいクロスボールをあげるもの。それで背も大きいといい」という先入観が少なからずあるのです。ですが本当は、その選手が何が得意なのかをまず見抜いてあげることが大切なはずです。足が速くて蹴るのが上手なら、フォワードでもおかしくありません。

そうした後、少し「外す」技術などをプラスしてアドバイスしてあげればいいのです。

弱点を修正することも間違ってはいないのですが、選手の武器を失わせるのではなく、長所をさらに伸ばすための指導のほうが私はよりよいと思います。その長所が本物の武器になれば、弱点は自ずと克服されるものだとも考えるからです。結果的に「弱点を克服」するという同じ意味でも、目的や何を重視するかなどで方法は変わってくるのです。そのとき、基本的にポジションは関係ありません。

私も選手のポジションを変更することはよくあります。ただ、それはポジションチェンジという言葉は使っていますが、選手自身を見たうえで、ポジションを変えることで、どのレベルまで成長するのか見てみたい、という考えで変更してみるということでもあります。

また、決まったポジションだけをやらせると、それがいつの間にかパターンになってしまいますし、自分の中で「固定意識」ができあがっているため、そこに戻りたがるのです。

しかし、そこに戻さないでやらせつづけると、「自分」が出てきます。選手たちが不満も口にせずその場所で頑張るのは、それで成長している選手がたくさんいるから。それなら自分も伸びるかもしれないと思えば、ポジションなどにこだわらず、自分も違うプレーをしてみたいと思っているのです。

そういうことを経験すると、再び最初と同じポジションに戻したときでも、今までとはまったく違う、プレーの幅の広い選手になっていることがほとんどです。

もちろん、私のやり方がすべて正しいというわけではありません。指導の方法は選手の数だけ違うのですから。

ですが、ポジションチェンジを含めて、やってみないよりはやったほうがよいと思います。

そしてそれは、勝つことを第一目的としたポジションチェンジではなく、すべては、

「この選手はどこの場所でプレーすると、もっとうまくなるかな？」

という「育成」の目的のもとに試みるのが理想的ではないでしょうか。

そのためでしたら、試合を犠牲にするぐらい、私にとっては何の問題もありません。もしかしたら、本当に試合を犠牲にしただけで終わることもあるかもしれません。うまくいかないこともちろんあります。そんなときは周りのコーチやスタッフの意見を聞いてみるのもよいでしょう。

このように、チームが勝つためにどこに選手を配置するかということよりも、いま以上に選手の才能を最大限に引き出すにはどうすべきかに力を注ぐほうが、本当の意味での「選手のため」になるのではないかと感じています。

ボールだけでなく、グラウンド全体を見よう

試合中のグラウンドには、点を取る、あるいは守るための情報が散りばめられています。ですから監督やコーチがグラウンド全体を広い目で見ていると、選手に対してより的確な指示が出せます。一方、ボールしか見えていない場合は敵と自分たちの関係などが把握できず、指示も断片的になりがちです。

たとえば、ハーフラインあたりで中盤の選手がボールを持ったときには、前線で動くフォワードの選手まできちんと見てあげる必要があるでしょう。さらにフォワードがいい動きをして「外した」となれば、中盤の選手に「出してやれ」ということができますが、ボールしか見えていないと「取られるな、つなげ！」といった指示しか出せなくなってしまうため、常に広く見る目を保っていたいものです。

そうすればポストプレーにしても「うまくボールを落とせたな」で終わらず「その前に外すタイミングは何度かあったぞ。それができれば前を向けて自分でシュートを打てたな」といったことも選手にアドバイスできます。そしてそれはすなわち、選手の糧となり、その後の彼の成長にも直結していくものと私は信じています。

安易な「コミュニケーション」で満足しない

「もっとコミュニケーションを」

プロ、アマ問わず、チームスポーツの世界ではよく使われる言葉です。

私が監督に就任する前、筑波大とプロチームの練習試合を観にいったことがありました。

前半が終了した時点で、0対4で負けていました。相手はプロですから、当たり前といえば当たり前なのですが、ハーフタイムになると、ベンチに戻ってきた選手同士がいっせいにしゃべりだしたのです。私は驚いてコーチに、

「このチームにはなんと言って指導しているの？」

と聞いたら、「コミュニケーションをきちんと取れ、といっている」と言うのです。

私は「コミュニケーションってなんですか？　この状況で選手たちにコミュニケーションを取れと言って、本当に取れると思いますか？」と言って、選手たちを少し黙らせました。

「なぜ、君たちは話ばかりしている？　4点入れられたな。ミスをしたのは、君と君と君と君だよ。君らがいなければ1点も入れられてない。それと、君にはチャンスがあったよな。それをきちんと決めていたら1対0でもおかしくないじゃないか。何をやっているんだ、なんで、自分で責任を感じてないんだ」

とハッパをかけたのです。

後半になるとまた点を取られたので、試合後に「誰が悪かったのか」と尋ねたら、そのときは6人が黙って手を挙げました。

「じゃあ、直そう。できないことではないと思うぞ。そうしたら少なくとも相手チームには勝てるじゃないか」

そんな簡単に勝てるわけではないですが、ミスをした理由を自分が自覚していなければ、次にまた同じことをします。「コミュニケーションを取る」という作業はチームスポーツにおいてももちろん大切なことです。ですが戦うためには、コミュニケーションをとるより先決なことがある場合も多々あります。このように選手にとって何の成長にもつながらないことも往々にしてあるのです。

「1対1では負ける」サッカーからの脱却

たとえば「外す」動きを教えようとする場合、私は「矢印を作って、矢印の逆を取れ」と教えています。私の現役の頃は、今ほど緻密ではないですが、そういったことが当たり前にできていました。当時「1回敵の後ろまで走って、敵がついてきたら、戻ってボールを受けてみたらどうだ」と教えてもらったのです。最初はだいぶ大きな動きをしていたのですが、これはなかなかに疲れる作業です。すると、必然的に「長い距離を走るのが面倒くさければ、なんとか短い距離で同じ効果のある動きができないだろうか」と次への一歩を考えます。それが自分たちのアイデアとなりますし「考える」というのは、そうしたことの積み重ねでもあります。

ところが今はそういった「まず考える」ことをさせずに「なぜ君は、味方のカバーにいかないんだ」とか、「なぜそこで2対1を作らないんだ」などと、カバーをして助け合うことに重点を置いた指導になりがちのようです。すると選手も自分での判断をせず「カバーありき」の動きが多くなってしまいます。

私が指導を始めた頃にも、こんなことがありました。

ある選手がボールを持った敵と1対1になった状況で、ボールを奪おうとしました。そのとき、味方の選手が奪いにいった選手のすぐ後ろにポジションを移してきたのです。私は彼にこう聞きました。

「君はなぜそこにポジションをとったの?」

彼は、「1対1の状況だったので、抜かれたときのためにカバーしています」と答えました。

適切な答えのように聞こえますが、私は彼に次のように伝えました。

「君たちの1対1は負けるための、1対1か？　自分の持ち場に戻りなさい。1対1なんて勝つことが前提なのであって、そんなカバーはいらないよ。そもそも君は自分のところだって敵に勝っていないじゃないか。それなのに人のカバーなんてできるわけがないだろ」

こうして、1対1なら負けてしまうという「負の発想」を選手たちの頭の中から捨て去ってもらうよう努めました。

もちろん、カバーをすることは大切です。しかし、先にカバーを覚えてしまうと、カバーのみに専念する選手になってしまう危険性もあります。これが「1対1では負けるな」と教えておくとその選手はだんだん〝守れる人〟になります。そうなれば、自然とカバーもできる選手になります。味方が抜かれて点を取られそうな局面になれば、自分のマークを捨ててでも、ボールを奪いにいくでしょう。それができる選手、あるいはその重要性に気づいている選手はさらに戦える選手になっていくのだと思います。

「カテゴリーでの勝利」だけを追求することの弊害

私が良い指導者かどうかなど、考えたこともありませんが、私が筑波大の監督に就任してから、2年間で8人のプロ選手が誕生しました。この数字が多いかどうか、私にはわかりません。私がもっとよい指導者であれば、プロに入った人数はさらに増えていたのかもしれないですし、そもそもプロになることだけが、正解とも限りません。

私たち指導者にできることは、その時間の中で選手たちに何ができるのか、これでいいのか、これで本当によかったのかを、最後の最後まで本気で追求して見てあげることだけです。選手は本気ですから、こちらも本気でなければ合わせる顔がありません。

指導者はたくさんのものを見て見識を広げ、いろいろな角度からサッカーを考える必要があります。ところがチームがそのカテゴリーの中で勝つためだけに、選手、特に上手な選手を犠牲にしてしまっているケースも少なくないように思います。

その上手な選手を周りのレベルに合わせることで、ただ「チームを勝たせる」という方向に持っていってしまうのか、あるいはその子を伸ばすことで周りの子どものレベルも押し上げて勝たせるのか、それはとても重要な部分です。

「うまくなりたい選手」と「勝ちたい監督」。

この2つの考えは、目的を見失えば、ズレを生みやすいとも言えます。選手はうまくなりたいと思っている一方で、監督はチームが勝つために、本来はフォワードで起用したほうが力を発揮できる選手を、チームに穴を作らないために、ボランチで起用したとします。チームにとってはいいかもしれませんが、その選手の可能性を本気で考えたら、それは指導者として正しい選択とは言えないかもしれません。本来ならもっと伸びる芽を摘み取っていないかどうか、私たち指導者は常に自分に問いつづけていく必要があると思います。

その選手にとってベストと思える環境を、1人ひとりに提供するために私たちはどうすればよいでしょうか。

中でも、一番うまい子の才能を伸ばすために、周りの選手のレベルも同じように引き上げていこう、と考えることは重要かもしれませんが、その逆、つまり、突出した才能を、周りのレベルに引き下げて調和をはかる、ということだけはしてはいけないのではないかと、私は考えています。

一般的にサッカーは、そのカテゴリーの中でのチームの強さを基準にして多くを判断しがちです。しかし、そのカテゴリーでは弱くても、本来のサッカーで勝てる選手はたくさんいます。ですから私は、大勢の人にもっともっとサッカーそのものを見てもらいたいと願っています。そして大事な成長の時期である子どもや学生のサッカーにおいて、目の前の勝ち負けだけを追求するのなら、そうした指導者はプロの世界に転向するほうがよりよいのでは、と感じることもあります。

中学サッカー、高校サッカー、大学サッカー。それぞれのカテゴリーの中でのみ「勝つ」ことに基づいた指導を続けると、選手をおもちゃにしてしまう危険性もあります。特に中高生は言われるがままにアドバイスを受け入れてしまう可能性がある世代だけに、私たちのサッカー観を押しつけるだけにならないよう、くれぐれも注意したいものです。

負けることを「絶対悪」にしない

先に、「カテゴリーの中で勝利していること」がそのままそのチームへの評価になってしまいがちだというお話をしました。

そして、チームがうまくいかなければ多くの指導者が不安に陥ってしまうということにも触れました。こうした現状を見るに、私は日本サッカーにおいて指導者を取り巻く環境づくりも今後の大きな課題ではないかと痛感しています。

以前、シュート数が、21本対6本という一方的に押し込んだ試合がありました。ですが結果は2対1。ちょっと失敗すれば試合を落とすところでした。

大学サッカーはそんなに大勢の人が観にきてくれるわけではありませんし、冒頭で述べたように世の中の人はどうしても試合やサッカーそのものの「内容」よりも〝勝ち負け〟だけで判断してしまいがちです。

たとえばある人がゲームを見て「筑波大のサッカー、面白いかも」と感じてくださったとしても「でも、負けている試合もあるからなぁ」と、最終的には試合結果で評価を下してしまうような場面は多いかもしれません。プロではないにもかかわらず、です。こういう状況を前にしたとき、自分が取り組んできたことに対する自信が揺らいでしまう指導者は少なくないでしょう。

私の場合は、常にボールを持って、自分たちで主導権を握るサッカーを目指しています。そうすれば、選手が本当にうまくなったとき、勝つスコアというのは、1対0ではなく、5対0、6対0とすることも可能だからです。それを目指して指導していますので、育成の段階で「負けないサッカー」のみを目指すべきではないという思いもあります。

私は今まで様々なところでサッカーを経験してきましたし、私の考えを理解してくれているスタッフにも恵まれていますから、ある程度なら、何を言われても平気です。

しかし、一般の指導者が1人でチームを率いているような状況では、周りに「勝てないな」と言われたとたんに迷い、自分の道を誤ってしまう可能性はおおいにあります。

そのときに、「負けたけれど、今日の試合は面白かったし、内容もよかったですよ」と、周りの理解者たちが声をかけてあげれば、その人は再び自分を信じて前を向けると思うのです。

勝つこと＝よい選手。

勝つこと＝よい指導者。

勝つこと＝よいチーム。

この考えは必ずしも正解とはいえないと思います。

育成段階では結果よりも過程が重要です。しかし残念ながら、世代別にカテゴリー分けされ、トーナメント戦ばかりの日本では、「勝つこと」が重要視されるもの当たり前です。負けてしまったら、次の試合ができませんから。こういう指導者を苦しめている仕組みも、変えていかなければならない時期にきているのかもしれません。

やってみせれば子どもはぐんぐん伸びていく

さて、ここからはもう少し年齢が下の子どもたちや彼らを取り巻くすべての大人たちに触れながら話を広げていくことにしましょう。

私たちが開いているサッカー教室では、筑波大サッカー部の学生が〝お手本〟となって技術を教えています。子どもたちにとっては、そんな彼らが一番よい指導者なのです。なぜなら、目の前で実際に〝やって見せてくれるから〟です。

子どもは感受性が豊かなので、「チョコンと触るだけで、ボールはちゃんと止まるよ」と、実際に見せてあげると感覚で理解しますから、あっという間に同じようにボールを止めることができるようになります。ですから自分よりうまい大学生のプレーをきちんと見せてあげれば、うまくならないわけがないのです。

そしてサッカーがうまい子はたくさんボールに触ることでさらにうまくなるのは当然で、そうでない子もいっしょに練習するだけで、頑張ろうという気持ちになりますから、グングンン伸びていきます。その成長ぶりを目の当たりにすると本当にうれしく、頼もしい気持ちにもなります。

そこで私は冗談を交えて学生たちにこう言います。

「子どもたちはみんなすぐにうまくなる。君たちはなんでうまくならないの？　君たちが大学で教えてもらったことを、この子たちは小学生のうちから意識して練習するんだから、数年後には抜かれてしまうぞ」と言うと、彼らも「これじゃあ俺たちダメだな」と気を引き締めるようです。それぐらい考えさせ、改めて明確な目的を意識させると、子どもに指導する側の学生も目に見えて変わってくるのです。

子どもの頃に「見ること」で得た経験や記憶は、サッカー選手として成長していく過程で、強い影響を与えるようです。目の前で速いインサイドキックを見て育った子は、やはり速いインサイドキックを蹴れるようになる可能性が高いでしょうし、自分より優れた技術を間近で見せられれば、それを真似しようと頑張るものです。

私も小学生の頃に、イングランドのウェンブリー・スタジアム（ロンドン北西部にある「サッカーの聖地」と呼ばれるスタジアム）でＦＡカップの決勝を観に行ったときのことは

BANK

今でも鮮明に覚えています。子どもながらにその光景に興奮を覚え、

「この舞台で自分も戦いたい！」

と、その後の日々はさらに遅くまでボールを蹴ったものです。

身を持って経験するということは、ただ言葉で教わるということよりもはるかに勝ります。

そう考えると、私たち指導者が教えられることなどというのは、実は限られているのかもしれません。

具体的な「手段」ではなく、目指す「結果」を伝える

子どもたちの中には、どこで教わったのか「首を振って周りを見るといい」と思い込んでいる子がよくいます。しかし何の目的で「首を振る」のかというと、それは「周囲の状況をよく見るため」です。それならば、方法は首を振ることばかりとは限りません。たとえば首を振るかわりにその位置から半歩下がればどうでしょう。視界はたちまち開け、見渡せる範囲はぐっと広くなります。

ちょっとしたことですが、指導者は、本当はこういうことを教えてあげるとよいのでは、

と日々感じています。

私は「こういうときはこうプレーしなさい」「ああいうふうにプレーしなさい」と細かい方法まで指示する方法をとっていません。その代わり、たとえばパスを通す選手には「シュートを打たせられるボールを出しなさい」、シュートを打つ選手には「シュートを決めなさい」など、出すべき「結果」のみを伝えるように心がけています。

目指すものが明確にわかってさえいれば、そこへ到達するための手段・方法は選手自身の力で判断させればよいと思うのです。

ですから私は、自分の発想と違うプレーをする選手がいたとしても、意図を持ったうえでプレーしているなら、褒めてあげます。さらに選手には、私の言っていることを無視してでもいいから自分の考えでどんどんやってほしいし、私に「教わろう」とは考えないでほしいとさえ思っています。

子どもたちの未来を預かり、育成に本気で向き合う

子どもたちは教えれば、一所懸命に練習して、それだけ吸収していきます。「次に何を見せてくれるの？　何を教えてくれるの？」と目を輝かせて聞いてきてくれたら、教えるほうも楽しくなってくるものです。逆に子どもを伸ばすことに魅力が感じられなかったり、楽しさを見出せないのであれば、指導する立場からは離れたほうがよいのかもしれません。

私のサッカー教室で、いっしょにコーチとして指導していた学生の1人に「子どもたちに教えて、子どもはうまくなっているのに、君はうまくなっていないだろ。君もうまくならなかったらもったいないな。君ができないのは、ずっと君のやり方でしかやってないからであって、聞く耳を持たないからだ。もっとうまくなろうとすればいいじゃないか」と言ったこと

がありました。それだけ、子どもの情熱と吸収力に応えるためには、指導する側も真剣にやらなければならないと思ったからです。指導者の導き方、あるいは指導者や周りの大人が何を提供するのかによって、あらゆる世代の選手はもちろん、特に子どもは大きく変わります。「彼らの未来を自分が預かっている」と考えれば、その責任の重さを改めて認識でき、さらにしっかりと子どもたちに向き合おうというエネルギーが沸いてくるのではないでしょうか。

大人は子どもの力を引き出す「環境」づくりを

サッカー教室を開くと、様々なチームで教わっている子どもたちが集まってきます。その中には、技術があっても自分の力を発揮できない子どもがいます。そういう子どもはどうするか？　私なら放っておきます。教えることを放棄しているのではありません。たとえば、普段から監督やコーチに怒られている子どもは萎縮してしまい、自分なりのプレーのアイディアがあっても、それを実行できないでいることが多いのです。だから、放っておいて見守ってあげる環境を作ってあげることも、ひとつの指導方法ではないかと考えています。

このように、どんな大人と出会うかによって、子どもの力を伸ばすこともあれば、ダメにしてしまうこともあります。

現在、プロで活躍するある選手を指導していた先生とお話しする機会があったのですが、小さい頃から彼は面白い選手だったと言っていました。

先生はその選手が小学3年生のときに、1学年上の選抜チームに参加させていました。ただ、ずっと試合には出していなかったそうです。そんなとき、お昼の食事にスイカが出ました。彼はそのスイカを手にとり、一目散に先生のところに持っていき、そこで先生とこんな会話をかわしたそうです。

選手「先生、スイカを食べてください」

先生「食べたら、どうなるんだ?」

選手「僕を使ってください」

先生「そうか、このスイカは〝賄賂〟というわけだな? 君を試合に出したらどうなる?」

選手「この試合に勝てます」

彼ははっきりとそう言い切ったそうです。実際に、試合に出場させてみたら、その選手は点を取り、チームは試合に勝ちました。

子どもの発想というのは実に豊かで面白いものです。そういう感性を持った子どもが、技術を身につければ様々なアイディアが生まれ、それがさらに技術を高め、どんどん大きく成長していきます。だからこそ、子どもの発想を受け止めてあげられる力量が周りの大人や指導者になければ、彼らの人生の可能性を最大限に伸ばしてあげることは難しいかもしれません。

子どもたちが自分で考えることができるようになるか否かは、遺伝ではなく、環境だと私は思います。

ですからお父さんやお母さんの考え方だけですべてを決定している子どもがいるとしたら、それは子どもの成長の芽を摘んでしまっていることになるかもしれませんし、同様に、指導者の判断のみにもとづいて子どもたちがプレーしているとしたら、彼らは言い訳をして、人のせいにする悪習が身についてしまいかねません。

大人が一度でも言い訳する機会を与えてしまったら、これから先も言い訳ありきで物事を進めるようになってしまうことも考えられます。そうさせないためには、勝つのも負けるのも、それは誰のせいでもなく、自分のせい、つまりすべては自分の責任のもとにプレーするのだいうことを早くから理解するための環境を用意してあげることも大人に与えられた役割のひとつではないでしょうか。

子どもを伸ばす「自由な30分」の環境づくり

私たちのサッカー教室では、「夜の7時半までが練習時間です」と伝えていても、実際には8時までグラウンドの照明を点けておいて、自由にグラウンドを使わせています。外で見ている子どもには、「入っていいんだよ」と背中を押してあげます。その30分間というのが、実は非常に大切で、「時間以上の時間」がそこにはあると考えるからです。

〝自分の好きなことをする〟ということが子どもたちにとってはとても大切なことで、そういう時間を重ねていくことで、どんどんサッカーが好きになり、上手になっていきます。夜6時から8時まで、2時間きっちりコーチのもとで練習するのが必ずしもよいことではなく「あとは自分の好きにやっていいよ」という環境を提供してあげることも大切だと思うのです。

ここで少し、私が子どもの頃の話をしたいと思います。

POCARI SWEAT

私が小学5年生で学校のサッカークラブに入ったときは、清水市（静岡県・現静岡市清水区）で下から3番目くらいの弱いチームでした。負けず嫌いな私は、毎朝全員を集合させて練習をしていました。ところが、それを見た校長先生が、
「責任者がいない状況でサッカーをしていたら、何かあったときに責任が取れない」
と、やめさせようとしたのです。

そのとき近所に、我々のことをいつも熱心に見守ってくれている人がいたため（その人は後に先生になるのですが）「大人が見てくれているから大丈夫です」と校長先生に言って続けさせてもらえるようになりました。そのおかげで、弱小だったチームは翌年には静岡県で3位になるまでの結果を残せたのです。

また高校生になる頃には、さらに私の練習は熱を増し、全体練習の後に夜の11時過ぎまで家の近くでボールを蹴っていました。

いまあらためて振り返ってみると、周りの大人がこういう形で当時の私たちを許し、見守ってくれたことがなによりもありがたいことであったとつくづく感じます。そしてそうした環境があったからこそ私はここまでサッカーを続けることができたのです。もちろんいまの時

代に子ども1人で深夜まで外にいたら心配で仕方がないですから、当時とまったく同様のことをさせるのは難しいかもしれません。しかし形は違えど、これに通じる環境作りをわたしもいまの子どもたちにしてあげられたら、という思いがいつもあります。ですからサッカー教室のあとに、グラウンドを自由に使える30分を提供するのも、実は私が目指す環境づくりのささやかな一歩なのです。たとえば立派なナイターの設備があったとしても、そのグラウンドを夜間に使わせてくれる大人がいなければ意味がないのですから、できる限り手を差し伸べられる大人でありたいと思います。

子どもと大人がいっしょにプレーすることの意義

さてそんな子どもたちを育成するための環境づくりについて述べてきましたが、他方で私たちは「清水スペシャル・トレーニング（通称スペトレ）」というプロジェクトを始め、小学5年生から高校3年生まで、年齢に関係なくいっしょにトレーニングを行うという取り組みをしています。つくば市でも「トラウムトレーニング」として同じようなスクールを始めました。

小学生が高校生と一緒に練習していれば、小学生はうまい選手たちのプレーを見て、どんどんプレーを学んでいきます。高校生にしても、小学生は背丈が小さいので懐に入られたら技術の勝負になりますから、いつもは体をぶつけて取りにいく選手でも、違った手段でボールを取る技術を覚えて、自分のレベルを高めていくことができます。

私はプロになってからも、小学1、2年生の子どもたちのところに遊びにいき、20人くらい集めて、その中でドリブルの練習をしていました。後から聞いた話では、オランダ代表で活躍したヨハン・クライフも同じような練習をしていたそうです。

サッカーがうまくなるには、環境はとにかく大事です。いつでもサッカーができるというのは、それだけで幸せな環境です。子どもたちだけでは、自分でその環境を作ることがなかなかできないので、周りの大人たちが理解し、少しでも「幸せな環境」を用意してあげられればと思います。

みんなが「夢」を描けるサッカーの実現を

選手や子どもたちにかかわる指導や育成の話をしてきましたが、最後に監督を取り巻く環

境について少し述べてみたいと思います。

日本の監督、特にプロで活躍する指導者に目を向けると、世界と比較しても報酬や地位が低いのではないかと思います。たとえばヨーロッパのプロクラブで指揮をとれば、仮に3部リーグと1000万円で契約したとしても、ここから上に昇っていけば、頂点にはチャンピオンズリーグなどがあります。そして、そこまでいけばどんなサッカーができるのか、あるいはどうしたら面白いチームを作れるかな、と自分自身が夢を描きながら仕事ができますし、年俸もそれに応じて上がっていきます。ビッグクラブの監督になればそれこそ10億、12億にすることも可能です。

お金のことを言いたいわけではありませんが、ヨーロッパと同じレベルに、とまではいかずとも、プロの指導者が大きな誇りを持てると同時に、もっと監督やコーチを志す人たちが出てくるよう、報酬面での改善も大事なのではないかと感じています。

レフリーも同様です。日本のレフリーの報酬は現在、高い人で1000~2000万円くらいでしょうか。サッカーではレフリーの「質」が話題に上ることもたびたびありますが、たとえばこれが主審が5000万円、ラインズマンが3000万円を上限でもらえるとしたら、もっとレフリーを目指す人が増え、裾野が広がればレベルも当然向上するのではないでしょうか。現役を終えた人気の選手がレフリーになれば、ファンは、選手を飛び超えて、レフリーを観にくる時代もくるかもしれません。

プロの世界はエンターテインメントです。型にはまらず面白いことをどんどん展開していけば「お金を払って見に行こう」というファンも増えるでしょうし、プロのレベルが上がれば当然、アマチュアの世界も向上していくはずです。

そしてこれからはプロ、アマ問わず、日本のサッカーに関わる選手、レフリー、審判、指導者たちすべての人が夢を持てる時代になるよう、皆ではたらきかけていく必要があると感じています。

「予想外」が起きるからこそ育成は面白い

私は今まで、ありがたいことにプロチームの監督にならないかという誘いもいくつかいただきました。それでも筑波大や子どもたちのサッカースクールで指導を続けているのは、常に予想外のことばかり起きるから面白い、というのが大きな理由です。彼らがこの先、サッカー関係の仕事に就くのか、はたまたまったく別の道を歩むのかどうかはわかりませんが、いずれにしてもそれをきちんと見届ける責任が私にはあると感じていますし、アドバイスできることがあれば、可能な限り力になりたいという気持ちでいます。

こう言えば意外に思われる方もいるかもしれませんが、私は選手たちに好かれようとも思っていないですし、選手たちといっしょにグラウンドの外で何か楽しいことをしようとも考えていません。だからと言って嫌われようと努めているわけでもありませんが、極端に言えば「あの監督大嫌いだから、見返してやろうぜ」と、それで選手が奮起してくれても良いのです。

ですが私は彼らと関わっている限り、最善を尽くします。それが当然の使命だからです。それが正しいか間違っているかはわかりません。それでもとにかく、できる限り選手の「個人力」を見極め、最大限に引き出せる方法を毎日模索しています。そしてこれから先「本気でやりたい」という指導者がサッカーの世界にもっともっと出てきてくれれば、志を同じくする者の1人としてこんなに嬉しいことはありません。

子どもたちや選手に関わる指導者や多くの大人が1人ひとりをきちんと見つめる〝目〟を

持ち、皆でその才能や可能性を磨いてあげましょう。そして自分の概念や発想と違う選手が出てくれれば、私たち指導者はさらに学んでいきましょう。判断できないときは、私は自分に問いかけます。

「うまくいってるだろうか？　選手は楽しいだろうか？」

その繰り返しこそが、戦えるサッカー選手を見出し、育てるための近道ではないでしょうか。

終章　日本にも「当たり前のサッカー」を

第1章から3章にわたり、個人戦術の重要性や戦うために不可欠な技術、そしてそれらを備えた強い力のある選手を育てるために必要な指導や環境づくりについてお話ししてきました。

ではこの日本で、こうした戦える選手や確かな「目」を持った指導者を育てていくことはできるのでしょうか。私は迷わず、それに「ＹＥＳ」とお答えします。

私は現役時代にドイツと日本でプレーし、引退後は子どもから大人に至るまでのさまざまな選手の育成の現場に立ち会うなど、これまでに国内外を問わず実に多くの選手を見てきましたし接してきました。そしてその中で日本人の長所、あるいは弱点を肌で感じ、選手の可能性を切り開いていくにはどうすべきかを長年模索してきました。もちろんいまも、彼らの力を最大限に引き出すための答え探しは続いています。

私は選手たちに毎日のように言っています。
「もっと自由にやっていいんだぞ」

日本の選手は、指導者に「やりなさい」と言われたことを確実に、きちんと遂行するという能力においては抜群のものを持っています。頭で理解したことを体に移して実行できる才能とも言えるかもしれません。そして、他人の存在や周りの状況を無視してまでひとりで奔放な行いをしてしまうようなこともまずない、と言ってよいでしょう。

ところがグラウンド上で「自由にやってみなさい」と言うと、彼らはたちまち困った顔になってしまいます。「自由に」の感覚がつかめず、どう動いてよいのかわからなくなるのでしょう。

彼らはひとつのことを教わると、それを「しなければならないこと」と頭の中にインプットしてしまいがちで、自分でそれを「すべきかどうか」を判断するという発想までなかなかいくのが難しいようです。

もちろん、打たれ強い子、頑固な子、あるいは敏感な子など、選手は1人ひとりみんな違って、それぞれに対する指導も違います。ただし全体的に見ると、やはり日本の選手には「自由」の感性がまだ不足しているのではないかというのが私の思いです。

私たち指導者や選手自身の「～しなければならない」という観念にがんじがらめにされてしまったサッカーはやはり面白みに欠けてしまいます。「やらされる」より、自分で「こうするぞ！」と決意してのぞむサッカーのほうがエキサイティングなのは明白です。

実際、教え子に対しても「私の顔色を見ながらプレーする者はすぐ交代」と何度も言って聞かせたこともあります。サッカーをやるのは私ではなく選手自身なのですから、彼らの判断でプレーしてほしいのです。

まずは自由に、自分の好きなようにやってそれがうまくいくかを覚える。そうして自分がうまくいく選択肢を持った個人が集まれば、1＋1が2になり、2＋2は4、そして4＋4はきっと8以上の力になるのだと選手たちには伝えています。

日本人選手は、技術ひとつをとっても、さらに緻密に高めていこうと努力します。きちんと教育を受けていることもあり、先に触れたように「理」で動くことに非常に長けているのです。さらに、チームワークを重んじる、いわゆる「和」を尊ぶ精神も無意識のうちに持っています。ですから、ここに自由かつ感覚的にプレーし、自分自身で判断できる力がつけばさらに戦える選手になれるのではないでしょうか。

さて、こうした選手を育てるために、サッカー界はどう動いているのでしょうか。ひと言で言えば、日本の多くの指導者は選手に「教えよう」とする傾向があり、ヨーロッパの指導者は選手を「探そう」とはたらきかけているように思います。

日本では、選手自身の素質や適正、もっと根本的な部分では「この子はサッカーに向いているか」といった要素に目を向けず、ひたすら自分の思うように「教えたがる」指導者が少なくないようです。そして、そこそこにうまいな、と思える選手を見つけると、多くの人が中盤に配置してしまいます。なぜなら、攻守両方に動いてくれるから。もっと簡単に言えば「勝つのに手っ取り早いから」です。つまり指導者自身が「勝ちたい」がための方法を最優先し、その選手には別のポジションでも才能があるのではないか、などと見出してやるための努力を怠たりがちになってしまうのではないでしょうか。

本来なら、その選手が点をよく取るのであればストライカーに、という発想も出てきて当然ですし、その子の才能を伸ばすために周りの子のレベルをもっと上げてあげる、という判断も必要でしょう。しかし、ただ「勝つ」ことのみが目的となってしまうと、指導者が選手の成長を阻んでしまうことも大いにあるのです。

それに対してヨーロッパは、まずはサッカー全体の裾野を広げ、選手の持つ「個」を見極め、そこから〝原石〟となる選手を「探して」いこうという手法で育成に取り組んでいます。たとえばスペインの名門クラブ・セビージャ。ここでは40人のスカウトが、スペイン全土の小学生に目を向けています。そして12～13歳になった時点で、その中から300人を選抜し、15歳になるとさらにそこから専門のスカウトグループが20人にしぼるのです。「10人の中から選ぶひとり」と、「1万人の中から選ぶひとり」では、確実に違います。そしてスカウトの人たちはそのやり方で成功してきたからこそ、あくまでも大きな分母の中から光るものを探しつづけるのです。

私はいま、つくば市と静岡市で、小学生から高校生までを集めたトレーニングやスクールを開いています。これも考え方はヨーロッパと同様、裾野を広げてそこから探していこうというコンセプトの一環でスタートさせた試みです。

日本サッカーはまだ、子ども全体はもちろん、サッカーをやっている子どもたちだけでさえ見つめきれていないのが現状です。しかし〝原石〟はどこに眠っているかわかりません。

私が中高生だった頃、市の選抜チームにはバレー部の子が借り出される、などということがよくありました。

「なんでここにいるの?」と彼に聞くと「なんか、お前もこいって言われたから……」と本人も本格的にやったことなど一度もないサッカーの試合を前に戸惑い気味です。ところがいざやらせてみると、これがとてもうまいのです。バレーをやっているぐらいですから身体能力も高く、明らかに〝才能〟を感じさせるものがありました。

このように、人材は、まだグラウンドに立っていない子どもたちの中にいることだって大

37

いにあるのです。昔の学校の先生は、そんな選手を見出す〝目〟をきちんと持っていて、だからこそサッカー部ではない生徒の中から「探して」くる、などということができたのかもしれません。

私たちのサッカースクールに通いはじめて、うれしいことに子どもたちは全員上達してくれているようです。これを、まずははじめの段階において「成功」と言わせていただけるのであれば、それは、彼らに「教える」のではなく、彼らの持っているものを見て「引き出して」いこうという私たちの思いを子どもたちに伝えることができているからではないかと思います。

いまはまだ2箇所でしか、こうした指導をする環境が作れていませんが、他の都市からも「やりたい」と声をかけてくださる人々が増えてきました。

それを実現するべく、私は各地で指導できる方を増やし、さらに学校の先生たちの協力も得られるよう、できることから動いていきたいと思っています。そしてこの輪が広がり、参加者が1万人、3万人、10万人と増えてサッカーの裾野がぐんぐん広がれば、人々を魅了するような選手はその中から必ず出てくると信じています。そして選手をきちんと見られるように指導者の〝目〟が変われば、選手にもまっとうな評価が与えられるのではないかと思います。

こうして日本サッカーが強くなれば、一般の人々も、〝サッカーって面白い〟という気持ちを持っていただけるのではないでしょうか。

子どもをきちんと見てくれる大人がいて、自由に楽しくボールを蹴る子どもがいる。そこには「やらされるサッカー」ではなく「当たり前のサッカー」があります。

そして「当たり前のサッカー」というフィールドの中で選手1人ひとりが自分で考え、戦える力を身につけていく。そんな当たり前の風景が日本中のグラウンドで繰り広げられることをサッカー人の1人として願い、私自身もまたその実現に向けて微力ながらも前進を続けていこうと考えています。

風間八宏　Kazama Yahiro

1961年、静岡県生まれ。サッカー指導者。元サッカー日本代表。
筑波大学卒業後、ジョイフル本田を経て、84年からドイツのプロリーグで5年にわたり活躍。帰国後はサンフレッチェ広島に入団、主将としてチームをステージ優勝に導くなど、Jリーグの創成期を大きく盛り上げた。その後、再びドイツでプレーし、97年に現役引退。筑波大学蹴球部や川崎フロンターレなどの監督を経て、2017年からは名古屋グランパスで指揮を執る。またサッカースクール「トラウムトレーニング」を主宰、次世代の選手たちの育成にも力を入れている。

「1対《たい》21」のサッカー原論《げんろん》
「個人力《こじんりょく》」を引《ひ》き出《だ》す発想《はっそう》と技術《ぎじゅつ》

著　者　　風間八宏《かざまやひろ》

発行所　　株式会社 二見書房
東京都千代田区神田三崎町2-18-11
電話 03(3515)2311［営業］
03(3515)2314［編集］
振替 00170-4-2639

印　刷　　株式会社堀内印刷所
製　本　　株式会社村上製本所

落丁・乱丁本はお取り替えいたします。
定価は、カバーに表示してあります。

ISBN978-4-576-10092-0
http://www.futami.co.jp/